Noëlle Saugout-Septier

Clarisse Deudon

Une faucille d'or dans le champ des étoiles

Photo de couverture : *Le Songe d'une nuit d'été* (1953)
Photo de 4e de couverture : © Christine Morin
Toutes les photos proviennent de la collection privée de l'auteure

© 2024, Noëlle Saugout-Septier
Avec l'aimable soutien d'Artistes United

Édition : BoD - Books on Demand, info@bod.fr
Impression : BoD - Books on Demand, In de Tarpen 42,
Norderstedt (Allemagne)
Impression à la demande

ISBN : 978-2-3225-0751-1
Dépôt légal : janvier 2024

Sur le plan de son art, le souvenir ébloui que j'ai de Clarisse, c'est son rôle de la Lune du *Soulier de satin* de Paul Claudel, mis en scène par Jean-Louis Barrault à la Comédie-Française.

Elle était splendide, merveilleuse de grâce et de beauté. Chaque mot de son texte était si justement sculpté dans sa bouche. C'est un sommet de poésie allié à la gravité de son rôle. Tout était dit par sa gestuelle et la pensée.

Clarisse était un personnage de haute fantaisie, avec un sens de l'humour qui fusait à chaque instant.

J'ai éprouvé sa délicatesse de cœur : quand j'avais été malade, elle était venue et m'avait apporté ce que je souhaitais le plus : un citron qui venait de sa propriété du midi. Une rareté !

Autant d'attention d'un cœur aimant très généreux.

Yamine Le Roy
de la Comédie-Française

Clarisse Deudon et sa fille Noëlle Saugout-Septier (1986)

À ma mère qui m'a transmis
son amour de l'art et de la vie

I
Naissance d'une actrice

L'enfance trouve son paradis dans l'instant.
Elle ne demande pas du bonheur, elle est le bonheur
Louis Pauwels

En octobre 1940, Clarisse Deudon passe par hasard devant le Conservatoire municipal de Nice. Elle s'arrête et pousse la porte.

Âgée de 19 ans, elle vit avec sa mère, son frère et sa sœur dans une maison du boulevard Dubouchage. Son père, ancien député des Alpes-Maritimes, est prisonnier en Allemagne depuis un an.

Clarisse Deudon (1939)

Lorsque Clarisse sort du conservatoire, elle a l'intime conviction qu'elle doit intégrer le cours d'art dramatique. Elle convainc sans peine sa mère de l'y inscrire.

Après quelques jours, elle en fait part à sa meilleure amie. Rencontrée au Lycée Molière quand sa famille s'est installée à Paris en 1932, Jacqueline a toujours été sa confidente.
En 1939, les événements les contraignant à quitter la capitale avec leurs parents, l'une à Lyon et l'autre à Nice, leurs échanges sont devenus épistolaires.

« Cette année encore, le sort de ma vie s'est décidé, lui écrit-elle. À quel point une guerre peut bouleverser les choses les mieux établies, jamais je ne l'aurais cru. Pourquoi ne suis-je pas restée à Paris faire un droit médiocre, comme le veut mon père ? Pourquoi n'ai-je pas cherché un bon mari dans le rang des jeunes filles à marier ? Pourquoi suis-je allée frapper à la porte du Conservatoire de Nice et, par ce geste d'index replié, m'engager dans la plus fantastique, merveilleuse et déprimante des carrières ?
Depuis, je suis classée dans les *Célimène*, je récite des vers à un professeur un peu sourd et je fréquente d'exquis cabotins qui m'ont fait entrer dans un milieu très bas-bleu où nous lisons Gide, Valery, Baudelaire. J'adore cette atmosphère car elle a la consistance d'un rêve… »

ANNÉE 1941

Grâce à ses nouvelles fréquentations, Clarisse est invitée à de nombreuses soirées durant l'hiver 1940-1941.

Elle emprunte les robes de sa mère, Suzanne Deudon, ou s'en fait confectionner de nouvelles.

Même si le pays souffre de la pauvreté et que la nourriture est de piètre qualité, Suzanne arrive toujours à assurer le quotidien pour ses enfants.

Le reste du temps, Clarisse suit ses cours de théâtre. Remarquée par son professeur, maître Adrien Caillard, elle est désignée pour interpréter la Pucelle d'Orléans le jour de la fête du patriotisme. Elle passe le concours de fin d'année en interprétant *Le Carrosse du Saint-Sacrement* de Prosper Mérimée. Malgré un premier accessit et un second prix de comédie, Clarisse est déçue.
En août 1941, elle part tenter sa chance à Paris où elle retrouve son père, enfin libéré par les Allemands mais très amaigri.

« Je me décide à aller voir un professeur qu'on m'a indiqué : un certain Simon. Là, je prends la plus belle crise de cafard en voyant le niveau des élèves, mais aussi une grande résolution : à la fin de l'année, je serai aussi bien qu'eux. »

Maîtrisant parfaitement son monologue de Cornélie, tiré de la *Mort de Pompée* de Corneille, elle passe l'audition avec succès.

« Tu vas jouer la tragédie, lui dit Simon après sa prestation. Le péplum, ça t'ira ! »

Clarisse Deudon interprétant Chimène

Pour préparer le concours du Conservatoire de Paris, elle travaille un monologue du *Cid*.

Septembre 41 : le grand jour est arrivé. La sélection est rude : il n'y aura que 15 élus parmi les 332 inscrits. Dans l'entrebâillement de la porte, elle aperçoit le jury. Malgré son trac, Clarisse monte sur scène d'un pas assuré. Son monologue séduit. Elle fait partie des 15 ! Quand Clarisse annonce la nouvelle à son père, il voit rouge.

> « Pas question que ma fille soit comédienne, déclare-t-il. Qu'est-ce que tu veux faire d'autre ? »
> « Je ne sais pas », répond-elle.
> « Alors tu continueras ton droit ! »

Paul Deudon l'inscrit à la faculté, mais avec la complicité de sa mère, Clarisse continue à suivre les cours du Conservatoire. Au bout de trois mois, elle abandonne définitivement le droit pour se consacrer pleinement à sa passion.
Elle apprend son métier dans la classe de Georges Le Roy, en compagnie de ses camarades Sophie Desmarets, Jean Desailly et Jacques Dacqmine.

> « Je suis l'élève d'un grand maître, écrit-elle à Jacqueline. À l'heure actuelle, je n'en suis pas encore revenue. Je suis classée dans les tragédiennes. Ô joie, j'y suis arrivée avant la fin de l'année. J'apprends Cornélie, Pauline, Émilie, Andromaque, etc.

Te raconter mes émotions, mes désespoirs, la compréhension exacte de cet art, la mise au point, le travail acharné qu'il faut, te vanter mes excellents professeurs et l'adoration que j'ai pour mon maître, Georges Le Roy, la bande si sympathique de ma classe, l'ambiance, ne pourrait à coup sûr tenir sur cette dernière carte qui me reste. Je passe mes soirées au théâtre. »

Pour ce « grand maître », ex-sociétaire de la Comédie-Française, la recherche du naturel est prioritaire. Mais, lorsque le naturel est mal orienté, il faut le remettre dans le droit chemin.

« Quand je suis arrivée au Conservatoire l'année était déjà commencée, se souvient son amie Claude Nollier. J'ai intégré la classe de Denis D'Inès, mais n'étant pas de plain-pied avec lui, j'ai changé et je me suis retrouvée avec Clarisse.
Je l'ai tout de suite remarquée car elle était grande et riait beaucoup. Elle prenait son siège et se plaçait devant le maître, d'un air effronté. J'étais sidérée par son culot, mais je l'ai trouvée sympathique, alors on a parlé. Elle était contente de trouver quelqu'un de son envergure.
Elle n'était pas du genre à supporter les contraintes, sauf si c'était de la distraction, et des distractions choisies. Quand elle était sur scène, elle laissait passer la nuance du sentiment d'une façon étonnante, surtout en tragédie. C'est rare parce que les alexandrins, dits quatre d'affilés,

semblent vouloir dire la même chose. Avec elle, c'était clair comme de l'eau de roche. »

ANNÉE 1942

Studieuse, Clarisse se concentre sur les textes qu'elle doit préparer pour ses examens.

« Ma vie est assez morne, écrit-elle à Jacqueline au mois de mai. Mon temps est trop pris et je ne vois guère d'amis. Coup de foudre, homme brun…, tu me parles de choses vraiment extraordinaires, mais tu es mal tombée car me voici devenue une vieille fille profondément endurcie et quand j'ai le malheur d'amener un élément mâle à la maison, mon père le scrute des pieds à la tête et me conseille d'espacer nos relations, si amicales soient-elles. Alors je me retranche derrière le rideau de l'Art et je me laisse séduire par le charme de M. Reggiani ou la belle voix de M. Chevrier.

J'ai été adoptée par une bande qui se réunit tous les jeudis pour danser le swing, seulement il faut que je me force pour y aller. Rien ne m'attire, aucun regard bleu et aucun éclat de dents blanches.

Seul mon voyage à Nice me préoccupe. Ma grand-mère nous envoie des SOS alarmés, mais il peut se passer tout ce qu'on voudra, pourvu que ce soit après mon concours.

Néanmoins, je fais mes provisions d'argent de poche et de ravitaillement car je ne pourrai pas me réhabituer à mourir de faim ni à devenir énorme à force de ne boire que du lait. En attendant, je suis devenue rousse-rousse. »

Clarisse prépare son examen de tragédie prévu en juin. Elle travaille dur, mais n'oublie pas d'envoyer des nouvelles à son amie.

« Je dois abandonner l'idée de remplir l'énorme provision de cartes interzones faites à ton intention et je vole des minutes précieuses pour te dire un petit bonjour. Je te raconterai plus tard cette minute palpitante, affreuse, exaltante et stupide qu'on appelle un examen de tragédie.

De temps en temps, je m'arrête dans ma vie et je me demande : 'Qu'est-ce que je fais là ? Qu'est-ce que cette carrière extravagante attend de moi ?' J'y aurai au moins appris l'humilité ! »

Quelques jours plus tard, elle prend enfin le temps de lui raconter en détail ce moment crucial.

« À toi, ma vieille amie, je vais dire le fond de mon cœur. C'est qu'il m'arrive quelque chose d'extraordinaire et de merveilleux. J'ai réussi mon concours d'une façon formidable puisque je suis admise et que j'ai eu une médaille de diction.

Mais tout cela est du chinois pour toi et je vais tout t'expliquer par le menu.

Lorsqu'on rentre au Conservatoire, c'est en principe pour une durée minimale de trois ans. Quand tu arrives, tu te trouves dans une classe avec des élèves de deuxième et troisième année pour qui les élèves de première année sont quantité plus que négligeable… bien que souvent dix fois mieux !

Un *Première année*, c'est un élève qu'on initie aux rites de la classe et aux modes d'enseignement du professeur. On ne lui demande que de la bonne volonté, de l'obéissance, de l'assiduité à articuler une phrase, à respirer après un vers et le talent ne vient que beaucoup plus tard - si jamais le talent s'apprend

Tous les trois mois, il y a des examens : un en janvier (que j'ai loupé), un autre en juin (celui-ci) et enfin, le grand concours de sortie : la grande dispute pour les prix. En théorie, il n'y a que les *Deuxième* et *Troisième année* qui concourent d'office à ce grand examen. Mais, si par un extraordinaire hasard, un élève de *Première année* montre des qualités et des dons exceptionnels, on lui fait le grand honneur de l'admettre à concourir avec ses aînés.

C'est la plus grande faveur qui puisse vous arriver et c'est ce que l'on m'a proposé.

Ne crois surtout pas que je me vante, parce que je suis tellement ahurie, médusée et abrutie que je t'explique tout, au contraire, très simplement.

Quant à ce fameux concours, nous nous y préparons depuis des mois.

Chacun choisit la scène qu'il veut ou que lui conseille le maître. À moi, il m'avait donné Josabet dans *Athalie*. Quand je pense à ce que j'ai pu gémir et pleurer sur cette scène ! J'étais mauvaise. Cette femme m'ennuyait et quand on commence à mal jouer, ça va de mal en pis. En revanche, quand tu te sens bien, tu joues de mieux en mieux. Impossible de s'arrêter dans un cas comme dans l'autre. Quel métier !

La veille au matin, j'ai pris une crise de nerf (je suis devenue d'une nervosité incroyable) et puis, tout à coup, l'après-midi, je l'ai bien donnée et je savais que le lendemain matin, au concours, je serais bien. Je ne sais ce qui s'est passé.

Un écran s'est brisé : j'ai compris exactement ce que me demandait mon professeur. J'ai compris la sensibilité de cette femme et je n'y ai plus pensé puisque j'étais elle. Alors j'ai imaginé la façon dont je me maquillerai (c'est amusant de changer en beauté son visage !), à la façon dont j'entrerai en scène, dont j'avancerai le pied, poserai ma main.

C'est quand je sais exactement tout ce que je vais faire que j'ai confiance en moi. Ainsi sur scène, plus rien ne me surprend. Je n'ai qu'à penser à ma sensibilité, aux sentiments que je dois exprimer qui, aidés de cette manière par cette assurance, s'amplifient et grandissent d'une façon merveilleuse.

Les sensations que tu éprouves sont alors inimaginables. Tu as deux toi : une Clarisse qui agit et une Clarisse qui se regarde agir et qui se dit : 'C'est bien, continue.' Et tu continues malgré toi, heureuse de continuer. Mais alors, quand c'est le contraire, c'est une torture épouvantable. Tu te dis : 'C'est mauvais ! Que cette phrase est mal dite !' Et par une psychose, cela agit sur tes nerfs et on devient de plus en plus mauvais. J'éprouve cela quand je travaille à la classe où j'analyse tout ce que je fais.

Lundi soir, tout était prêt, j'étais calme. Je savais. Mardi à 6 h 30, réveil. Mouvements respiratoires, maquillage, café fort pour se réveiller et puis le métro tout tranquillement, comme si j'allais aux Galeries Lafayette.

Quoique, en stations Alma et Miromesnil, je crois avoir eu quelques douleurs au ventre.

Notre classe passait en premier. J'étais la huitième ou neuvième après une comique. On arrive dans une salle qui sert de coulisses, dans laquelle se trouve un minuscule vestiaire. Tu y entres Clarisse Deudon et tu en sors Josabet. Alors tu commences à entendre les appréciations. Pour les garçons, c'est tout direct : 'Oh ! Comme tu es belle, ma Clarisse !'

Pour les filles, les plus sincères d'entre les jalouses vous font des petits sourires, les autres vous regardent en biais, mais qu'est-ce que ça fait puisque je savais que j'étais très belle. Ce n'est d'ailleurs que depuis cette année que j'ai entendu parler de mon physique et que j'en ai pris connaissance.

Dans ce métier surtout, il faut savoir tirer parti de toutes ses qualités et de ses supériorités. En attendant notre tour, nous tournions comme des bêtes en cage dans la salle d'attente en répétant nos rôles. Pour un profane, le coup d'œil devait être curieux : une maison de fou. Le jury était impressionnant. Il y avait même Jean Cocteau !

À d'autres, cela fait un effet déplorable parce qu'il faut avouer que l'atmosphère est horrible. Il n'y a presque pas de projecteurs qui permettent de s'isoler derrière la lumière électrique et on voit tous ces gens qui vous épient, assis en carré au fond de la salle, comme M. Bertin qui ne vous quitte pas de la lorgnette (à ce qu'on m'a dit parce qu'il m'est impossible de regarder la salle et de jouer ma scène en même temps).

Moi, ce jury-là m'exalte et me tient. Il me force à tenir ma scène et à être bien. Mon tour venu, j'ai suivi mon partenaire, le fils de Paul Géraldy.

J'ai pris possession de moi et tout s'est bien passé. Le jury était très content : je pourrais faire une tragédienne possible. Forcément puisqu'il n'y en a plus ! On ressort Mme Segond-Weber qui m'a tant déçue.

Tout cela m'a vidée ! Je n'en ai pas dormi pendant trois nuits et je ne vais même pas pouvoir me reposer pour répéter la dernière scène d'*Andromaque* : les adieux. Je meurs de trac, mais j'ai une envie folle de grimper sur la scène pour leur montrer ce que je sais faire. Il faut que je fasse pleurer la salle. C'est public. Quel dommage que tu n'y sois pas ! »

Avant ce grand jour prévu le 11 juillet, Clarisse échoue aux deux examens préliminaires. Son professeur considère qu'elle n'arrivera jamais à rien et son père, qui lui avait accordé un an d'essai, lui conseille de reprendre ses études.

« J'arrête le théâtre pour faire une licence de lettres. Après tout, ce qui m'attirait dans le théâtre, ce sont les beaux textes, plus faciles à connaître dans ce contexte qu'en les lisant, confie Clarisse à son amie d'enfance. »

En attendant la rentrée universitaire, elle continue de suivre les cours et réussit ses examens. Son moral remonte en flèche et il n'est déjà plus question d'abandonner.

« À nous la joie et la vie maintenant ! écrit-elle, le 1er juillet, à Jacqueline. Quoi que l'on dise, même si on a du talent, qu'on reçoit un prix et qu'on est engagé au Français, il faut travailler comme une acharnée pour faire carrière.
C'est un métier où tout ton être entre en jeu, où tu offres au public ton maintien, ta distinction, tes rêves, ta compréhension de la beauté. Contrairement à ce qu'on pense, il faut avoir une valeur morale fortement cuirassée, il faut être

pure, concentrée sur soi-même, s'enrichir de beauté toujours nouvelle, éviter toute dispersion. Et je suis à bonne école car j'ai un maître qui est un saint et un génie. Et puis, si on a l'âme droite et que l'on croit à la vertu, on reste une fille bien dans n'importe quel domaine. »

Dans Paris, les alertes se suivent et se ressemblent. Clarisse se plaint d'être réveillée par d'odieux sifflements et chacun s'attend au bombardement de l'usine Citroën. Cependant, elle n'a d'inquiétude que pour son audition et répète à longueur de journée sa scène : la première de l'acte IV *d'Andromaque*.

Le grand jour approche. Les élèves de la classe sont invités à fournir leurs costumes. Sa mère lui prête une de ses robes du soir de chez Alix, une créatrice de mode.

« Je dois énormément à ma mère qui a passé toute la semaine dans les teintures, les ourlets, les arrangements d'une de ses robes en jersey, d'un mauve ravissant. Par-dessus, j'avais un grand manteau dans la même gamme de violet, dont Mme Delvair, la femme de M. Le Roy, nous avait prêté le modèle. Par miracle, j'avais des sandales d'argent grecques en cuir. Tout cela est réussi malgré bien des difficultés. »

Le jour du concours, Annie Gaillard interprète la coléreuse Hermione, Alice Sapritch montre son côté mélodramatique dans *Bajazet* et Maria Casarès joue avec passion la scène de rupture de Bérénice.

Clarisse Deudon, Maria Casarès et Zanie-Campan

« Certains élèves se démarquent nettement des autres lors de cet examen, écrit Maurice Rostand dans sa chronique culturelle : Clarisse Deudon a été une Andromaque voilée et pudique, pleine de réserve et d'harmonie. Elle nous a permis d'entendre les voix de Racine dans toute leur beauté. Sans chercher l'effet, sans cris et sans hoquets tragiques, elle a atteint la noblesse tragique. »

Une fois tous les concurrents passés, chacun attend avec anxiété le verdict du jury. M. Delvincourt, le président, monte sur scène :

« Premier prix de tragédie à l'unanimité pour Clarisse Deudon. »

Incrédule, la lauréate reste figée. Ses camarades la poussent vers la scène. Défaillante de joie, elle remercie le jury.
Le lendemain, elle se précipite sur les journaux pour y découvrir tous les articles relatant sa victoire.

Clarisse portée en triomphe par les élèves du Conservatoire

Toute sa famille est ravie pour elle, mais son père ne cache pas son inquiétude.

« Cela me sera pénible de voir Clarisse sur la scène, explique-t-il. Pour moi, elle est encore une petite fille. J'aurais préféré qu'elle reste à la maison : elle fait d'excellents gâteaux. Elle a eu un 1er prix de cuisine et elle est très douée pour la peinture... »

Encensée par la critique, considérée comme la fille naturelle de l'actrice Mary Marquet, Clarisse devient une célébrité du jour au lendemain et la foule l'attend à la sortie du Conservatoire pour lui demander des autographes.

Lorsqu'elle apprend qu'elle est pressentie pour intégrer la Comédie-Française, elle comprend qu'il lui faut quitter ses camarades de classe. Elle fond en larmes.

Épuisée par ces événements, c'est du fond de son lit qu'elle écrit à Jacqueline, entourée de bouquets de ses admirateurs.

« On vient de faire un reportage sur moi dans *Toute la Vie*. Il paraît que mon engagement au Français est certain. Je suis heureuse et abrutie. Si c'est le cas, je vais être obligée d'annuler mes vacances à Nice avec toi. Non seulement je serai privée des raisins-framboises de ma grand-mère, mais il faudra que j'entre dans la danse de la vie. »

Son père, finalement attendri et flatté par le succès de sa fille, lui donne l'autorisation d'intégrer la prestigieuse institution, quarante jours seulement avant sa majorité.

Le lundi 27 juillet, Jean-Louis Vaudoyer déclare officiellement à la presse qu'en tant qu'administrateur du Français, il a engagé Clarisse Deudon et le premier prix de comédie, Jean Desailly.

« Même si le Tout Paris en a déjà parlé, je t'annonce une grande nouvelle, écrit Clarisse à Jacqueline. Je viens d'être engagée à la Comédie-Française. Je recommence à collectionner photos et articles où, jusqu'à présent on n'a fait que taper sur moi. Ah ! La gloire, ça se paye.
Dimanche, je vais dire mes premiers vers à la radio et, lundi soir, j'assiste au concert des Premiers Prix, avec l'Orchestre National de l'O.R.T.F. Toute ma vie est changée, déballée, alourdie.
Au fait, hier soir, j'ai rencontré Maurice Rostand dans le métro, et j'ai fait ma cabotine. Oh ! Que je ne devienne jamais comme ça ! »

Son contrat prenant effet au 1er septembre, Clarisse peut finalement partir en vacances avec Jacqueline chez sa grand-mère au col de Villefranche.

Villa Lamino (aquarelle de Scampy)

La villa Lamino, une grande maison en briques roses située en contrebas du chemin du Vinaigrier, est entourée d'un vaste jardin fleuri au milieu duquel trône une fontaine.

Dans le patio, les treilles croulent sous le raisin framboise. Pas un jour ne passe sans que les deux amies se rendent au poulailler chercher des œufs frais pour préparer les gâteaux préférés de Grand'mine.

La plage, à moins d'une demi-heure à pied, fait partie de leurs destinations préférées.

Bonne nageuse, Clarisse est imbattable au crawl, discipline qu'elle maîtrise avec grâce et puissance.

II
Les débuts

Nous voulons de la vie au théâtre et du théâtre dans la vie
Jules Renard

De retour de vacances, le 1ᵉʳ septembre 1942, Clarisse franchit avec émotion la porte de la grande Maison en compagnie de ses nouveaux camarades.

Les nouvelles recrues sur le toit de la Comédie-Française

Elle va rejoindre la troupe des prestigieux acteurs, dont Lise Delamare, Marie Bell, Maurice Escande, Mony Dalmès et Renée Faure, mais elle manque de peu Fernand Ledoux et Jean Marais partis quelques semaines plus tôt.

Son contrat, signé le 22 juillet, stipule qu'en tant que pensionnaire, elle s'engage à accepter tous les rôles qui lui seront attribués durant l'année en cours.

Elle doit suivre la troupe dans les tournées, assister à toutes les répétitions et demander le consentement de l'administrateur pour jouer sur d'autres scènes, dans un film, ou passer à la radio et ce, sous certaines conditions.

Les cachets sont de 2 000 francs par mois. Les pensionnaires peuvent devenir sociétaires pour une durée minimum de 20 ans, et les signataires sont redevables de 24 000 francs en cas de rupture de contrat.

« On avait le tarif d'apprenti à l'usine, se souvient Claude Nollier. À cela s'ajoutaient les feux pour les sociétaires. Le nom est resté parce qu'à l'origine les acteurs utilisaient cette somme pour chauffer leur loge.

Moi, j'avais à peine de quoi vivre ! Quant à Clarisse, elle avait de la dignité : elle ne demandait jamais d'argent, pas même à ses parents. Heureusement, on nous raccompagnait en voiture, le soir, quand il n'y avait plus de métro. Cela nous évitait de prendre un taxi. »

Pour Clarisse, l'avenir est prometteur. Elle va de rendez-vous en rendez-vous, et de dîner en dîner. Les photos chez Harcourt ne lui plaisent pas ? Elle en exige de nouvelles.

En attendant d'être convoquée pour un rôle, elle vaque à ses occupations.

Le vendredi 4 septembre, alors qu'elle se rend au Français pour assister à *Polyeucte*, elle croise Jean Desailly.

> « Clarisse, tu as vu ? lui dit-il au comble de l'excitation. On joue dans *Cyrano*. Tu fais Sœur Marthe et moi un cadet. »
>
> « Comment le sais-tu ? » lui demande-t-elle, surprise.
>
> « C'est écrit sur le tableau d'affichage. Il y a les distributions de toutes les pièces programmées. Viens, je vais te montrer. »

Il l'emmène au foyer des comédiens. Le tableau indique que la première représentation a lieu quelques jours plus tard, suivie de seize autres, avec une seule répétition en tout et pour tout. Si le rôle de nonne l'amuse, elle appréhende cette première apparition sur la scène de la Comédie-Française.

La représentation du jeudi 10 septembre est la 181ᵉ donnée par la Comédie-Française. Le metteur en scène, Pierre Dux, joue Cyrano. Roxane et Le Bret sont incarnés par Marie Bell et Louis Seigner.

Au sortir de la représentation, elle reçoit ses admirateurs, ouverte à toutes les marques de sympathie et d'affection rassurantes. Jean-Louis Vaudoyer vient, en personne, lui faire part de son entière satisfaction.

Clarisse se sent chez elle dans la Maison de Molière. Elle se repère sans peine dans ce labyrinthe de coulisses et de décors qu'elle emprunte pour se rendre à sa loge provisoire donnant sur le Palais Royal. C'est là qu'elle attend avant d'entrer en scène. Elle se rend tous les jours au Français, même lorsqu'elle n'y joue pas, ne serait-ce que pour assister aux autres représentations : *Tartuffe*, *Le Gendre de Monsieur Poirier*, *Le Médecin malgré lui*, *La Rabouilleuse*, *La Paix chez soi*, *L'Avare*, *La Révolte*. Elle s'extasie devant le jeu de Mary Marquet dans *Andromaque*. Elle s'amuse « comme une petite folle » et apprécie la grande gentillesse qu'on lui témoigne, « avec une nette spontanéité du côté masculin, et même du souffleur », confie-t-elle à son amie Jacqueline.

« Tout nouveau tout beau. L'opinion générale a été résumée par mon habilleuse : 'Enfin une belle fille dans la maison. » Ce à quoi j'ai répondu en maugréant : ' Ils n'avaient qu'à prendre une demoiselle des Folies Bergères !' mais, à la tête choquée de la dame, j'ai compris que j'avais blasphémé et qu'il ne faudrait plus porter de tels jugements sur l'Illustre Maison. Mais j'adore cet endroit. C'est ma folie. J'y jouerai intensément et j'y souffrirai, je le sais, mais j'ai découvert pourquoi j'aimais le théâtre. Il me procure des sensations extraordinaires parce que contradictoires. Je joue et j'essaye 'd'être' au même moment. On peut se dire 'c'est vrai' et 'ce n'est pas vrai'. »

Avant le lever de rideau, les actrices sont détendues. Certaines parlent du marché noir, les autres de leurs chats et, dès qu'elles entendent les trois coups, elles prennent instantanément possession de leur personnage. Clarisse, elle, reste dans un muet affolement avant de jouer consciencieusement sœur Marthe.
Le consul de Perse, venu spécialement pour elle, lui apporte un bouquet de fleurs.

« Une loge avec des roses magnifiques. Qu'y a-t-il de mieux ? s'émeut Clarisse. J'ai également reçu une longue lettre d'encouragements de Georges Le Roy. Mon professeur de Conservatoire ne m'a pas oubliée... »

La notoriété qu'elle obtient grâce aux articles de presse l'amène à renouer avec les personnes qu'elle a perdues de vue. François Bauer, un ami de jeunesse devenu jeune journaliste, lui écrit pour la féliciter d'avoir choisi cette passionnante carrière.

« Mon premier prix m'aura au moins servi à quelque chose... ou à quelque rien. »

Sa mère et sa grand-mère ne manquent pas une occasion de venir l'applaudir. Elles qui ont toujours voué une grande admiration aux acteurs de la Comédie-Française, sont particulièrement fières d'elle.

Le 9 octobre, lorsque Clarisse passe à la radio nationale, tout le monde est devant le poste, même son père, pourtant très pris par ses affaires.
Booz endormi, le poème de Victor Hugo qu'elle doit dire avec Henri Rollan, sociétaire du *Français*, ne lui étant parvenu que la veille au soir, elle a peu dormi.
Sur place, ils n'ont qu'une demi-heure pour répéter. Le studio d'enregistrement est calfeutré. L'air y est étouffant. Le régisseur installe les comédiens devant deux piquets terminés par des cylindres en guise de micros. L'un est pour les récitants, l'autre pour les deux rôles principaux. La lumière rouge s'allume. Ils sont à l'antenne et la magie opère jusqu'au dernier vers de *La Légende des siècles* : « ... *Quel moissonneur de l'éternel été avait, en s'en allant, négligemment jeté cette faucille d'or dans le champ des étoiles.* »

Clarisse revient le 13 novembre pour déclamer des poèmes de José-Maria de Héredia et de Leconte de Lisle. En sortant, elle va chercher ses photos au Studio Harcourt.

« Des photos formidables, mais qui ne me ressemblent pas. C'est pour cela, du reste », explique-t-elle à Jacqueline avec l'humour dont elle a hérité de son père.

De l'autodérision, elle en a aussi au sujet du documentaire de René-Guy Grand sur le cours Simon :

« Va le voir quand il passera à Lyon, lui écrit-elle. Il montre comment le théâtre est enseigné aux futures vedettes et comment se passent les examens de fin d'année. Ça s'appelle *Les étoiles de demain*. Tu verras tous les élèves de mon cours… sauf moi ! »

Pendant ce temps, la guerre continue et les Allemands bombardent Paris. Les 19 et 20 septembre 1942, les théâtres sont fermés en raison des attentats. Une partie de la troupe doit se rendre à Vichy. Clarisse n'est pas du voyage car elle doit jouer dans *L'Autre Danger* à la mi-octobre.
À moins de trois semaines de la représentation, elle a juste le temps d'apprendre son rôle. Qui sait ? La pièce lui permettra peut-être de partir en tournée.

Parallèlement, elle répète la *Nuit de mai* avec Maurice Escande. L'unique répétition de *Cyrano* lui a permis de se faire remarquer par cet acteur chevronné. Pas de doute ! C'est elle qu'il veut pour partenaire. Clarisse se sent appréciée et mise en valeur par cet homme charmant, de trente ans son aîné. Elle craint cependant que le trac ne la déstabilise. Elle reprend confiance auprès de Georges Le Roy.

« Dimanche, je suis allée travailler la *Nuit de mai* avec mon maître, confie-t-elle à Jacqueline. Une leçon merveilleuse dans une ambiance ultra poétique avec la pénombre qui descendait lentement, et nous vibrions tous les deux sur les vers de Musset. C'était une sensation dont je me délectais…. avec délices.

Nous avons répété hier sur scène. C'est ma perche parce que, si j'avais dû compter sur Escande qui n'est jamais là, j'aurais fait quelque chose de moyen. Lui, il cisèle. Dans le vers, il te met un parfum. Quand il mourra, je n'aurai plus aucun talent. »

Cet homme fin, mystique, sensible, a un ascendant incomparable sur les comédiens : « C'est le maître incontesté, le guide, celui qui élève l'esprit et le cœur, et qui apporte un sentiment de grandeur et de noblesse à la mission de la Comédie-Française. »

Le 2 octobre, Clarisse est la Muse dans la *Nuit de mai*. Cette première représentation est un triomphe. Les bravos fusent. Clarisse obtient cinq rappels. Pourtant, la journée avait mal commencé. Maurice Escande, attendu pour la répétition, était retenu sur un tournage.

En l'attendant, Clarisse avale un pain de Gênes à la crème jusqu'à en avoir la nausée, puis monte se maquiller dans sa loge où sa mère l'attend. L'aboyeur, criant à tous les étages : « En scène dans 25 minutes. En scène dans 10 minutes... » augmente son stress.

> « Le spectateur qui voit une demoiselle réciter des vers et s'en aller ne peut pas imaginer les répercussions profondes qu'en ressent l'artiste, raconte-t-elle à Jacqueline. Le sale quart d'heure qu'on peut passer, parfois.... C'est fou ! »

Derrière le rideau, elle observe la salle. Dans les coulisses, elle reçoit les derniers conseils de Jean-Louis Vaudoyer et va s'affaler dans le fauteuil de Titus destiné à Jean Chevrier dans la représentation suivante.

Maurice Escande arrive en nage et se confond en excuses. Ils se placent face au rideau afin qu'une fois levé, les spectateurs les trouvent plongés dans les pensées les plus ténébreuses. On frappe les trois coups. Dernier affolement et... place au théâtre. Comme pour une opération, tout est méticuleusement préparé.

> « Le rideau se lève et c'est la mort, écrit Clarisse. Quelle transformation ! Un courant passe à travers soi et on chante. On dit des choses merveilleuses dans un calme parfait, en pleine maîtrise de soi, sachant ce qui porte et ce qui va

moins bien. Et là, ce qu'on ne peut imaginer, c'est le spectateur qu'on sent béat dans son fauteuil et qu'on tient sous sa tutelle. On entend son grand silence et son admiration. Autant c'est merveilleux lorsque ça fonctionne bien, autant c'est atroce quand il n'aime pas. »

Elle comprend que c'est terminé lorsque Maurice Escande lui annonce ce qu'elle sait déjà : « Ça a très bien marché ». Elle reçoit les applaudissements « avec un petit sourire content, ironique, un peu réservé parce qu'un peu orgueilleux et si loin de cette masse. » Le rideau se lève et se relève.

Clarisse ressent la sympathie. Folle de joie, elle saute au cou de son partenaire. Jean-Louis Vaudoyer lui exprime son contentement. Quand elle sort de scène, son maître est devant elle, les bras tendus. Elle se jette sur lui, manquant de l'étouffer.

« J'en ai compris, deviné et reconnu des choses ce soir-là, confie-t-elle à Jacqueline. Tout d'abord, mon grand amour pour mon maître. Un amour sacré, pour le plus grand qui soit. J'ai lu dans ses yeux qu'il était content et il m'a dit : 'Tu m'as épaté.' Ce à quoi j'ai répondu : 'Mais c'est grâce à vous, maître.' Juste après, j'ai vu une masse noire s'avancer, lente et compacte. C'était mes camarades, mais leurs exclamations comme 'Tu étais merveilleuse, épatante', etc., n'avaient et n'ont du reste aucune valeur après ce que m'a dit Georges Le Roy. »

La semaine suivante, choisie pour interpréter Panope, la suivante de Phèdre jouée par Marie Bell, elle retrouve Jacques Dacqmine. Encore en dernière année de Conservatoire, il est pourtant désigné, à la surprise générale, pour incarner Hippolyte. Dès la première répétition, Clarisse s'enflamme pour la mise en scène de Jean-Louis Barrault.

« Dix vers avec lui, c'est travailler cent-cinquante ans au conservatoire de Nice, raconte-t-elle à Jacqueline. C'est du classique ultra moderne mélangé à de l'antique. On ne doute pas des possibilités artistiques de cet homme : c'est un génie. Maurice Escande en Thésée et Maurice Donneaud en Théramène étaient présents. C'était drôlement impressionnant.

Mais toi qui sais que je n'ai aucun sens du temps, j'ai failli être en retard pour cette première répétition. J'ai dû courir et je suis arrivée totalement essoufflée. Du coup, je n'ai pas arrêté de bafouiller en donnant la réplique à Marie Bell. Mary Marquet m'a fait des remontrances. Comme si cela ne suffisait pas, je suis arrivée en retard à la seconde répétition. Mary Marquet était tellement furieuse qu'elle m'a dit que le rôle n'était pas pour moi. »

Elle sait qu'elle doit être irréprochable si elle veut interpréter Panope. À la troisième répétition, elle arrive à l'heure et se donne à fond dans ses trois scènes malgré sa nervosité. Au final, Mary Marquet est satisfaite. L'excitation l'empêche de dormir. Le lendemain, Clarisse manque une nouvelle répétition, celle de *L'Autre Danger*. Un moindre mal.

Nouvelle séance photo chez Harcourt. Jean-Louis Vaudoyer lui demande de prendre la pose d'une caryatide. Le photographe l'immortalise en tunique devant un grand rideau gris séparé par un pan de mousseline blanche, donnant l'illusion d'un ciel sans nuage.

> « Quelle vie ! écrit-elle à Jacqueline. Une vie que je ne regrette pas une seconde, tu penses bien. Dimanche, j'en ai profité pour aller danser. Disques formidables, ambiance zazou. J'ai fait la folle. Ça faisait longtemps que je ne m'étais pas autant amusée. »

Quelque temps plus tard, elle est invitée par Georges Le Roy à venir rencontrer les élèves du Conservatoire afin de partager son expérience. Ses collègues, passés en seconde année, lui font la fête.

> « Ce que dit le maître, c'est sacré. Cet homme me connaît. Il lit en moi comme au fond de l'eau claire. Il veut que je m'occupe d'une élève. J'ai beau lui dire que je ne sais rien moi-même, il paraît que cela me fera du bien puisque que je serai obligée de montrer. Je suis heureuse, ma petite Jacqueline, comme tu ne peux pas savoir.

J'ai trouvé une raison de vivre envers et contre tout. »

Début octobre, Clarisse reçoit sa paye : 1 272 francs en espèces. La première paye de sa vie. Elle cache les billets dans son placard, au milieu de sa lingerie, le temps d'aller ouvrir un compte en banque. Quelques jours plus tard, elle fête sa majorité.

« Je suis pleine aux as et libre comme l'air », écrit-t-elle à Jacqueline.

Le 15 octobre, c'est la 158e représentation de *L'Autre Danger de* Maurice Donnay dans laquelle Clarisse interprète Mlle Choskonesko.

« Je porte une robe 1900 dont le bas se termine dans un frou-frou des plus excitants, décrit-elle à son amie. Il est espièglement relevé et retenu sur le côté par trois fleurs, couleur rose opéra, afin de laisser apparaître une fine cheville sous un bas noir.

Le décolleté outrageant est délicatement entouré d'un volant bordé de dentelle noire. Autour du cou, une croix accrochée à un ruban de velours noir.
Un chou de tulle noir enserre ses cheveux impeccablement coiffés. Seul bémol, elle étouffe dans son corset taille de guêpe à nombreuses baleines.

« Je suis inouïe. Mimi tout plein. Je ne fais qu'une brève apparition dans la pièce, mais je dois dire qu'à mon entrée et à la descente de mon escalier, il y a des murmures confus dans la salle. »

L'Autre Danger est une comédie qui décrit la bourgeoisie de l'époque en mélangeant passion amoureuse, jalousie et mensonges.

« Au troisième acte, on s'en donne à cœur joie dans les coulisses, écrit Clarisse. Chacun y va de sa petite exhibition de danse. Escande avec son chic, Bertin avec sa barbiche. Même Jean-Louis

Barrault nous a fait une danseuse de Degas désopilante. »

Tandis qu'elle continue à jouer l'une des religieuses dans *Cyrano*, les répétitions de *Phèdre* s'enchaînent. Autant Clarisse s'amuse dans la pièce de Donnay, autant elle doit se montrer sérieuse dans celle de Racine, surtout en présence de Mary Marquet.

« Je suis heureuse de faire partie d'un si beau spectacle, mais la sévérité de cette femme me catastrophe, confie Clarisse à son amie. En revanche, je ne manque aucun de ses récitals poétiques, notamment celui sur les chansons françaises, depuis *Au Clair de la Lune* jusqu'à *Mon Légionnaire*. »

L'annonce qu'elle attendait vient enfin de tomber : elle fera ses « débuts » dans *Andromaque*. Un jour important dans la vie d'un acteur car c'est une façon d'être officiellement présenté aux spectateurs. Après avoir démontré sa compétence dans les rôles secondaires, il peut dorénavant interpréter les personnages principaux.
Devant la difficulté de la pièce programmée pour Pâques, Clarisse n'a pas une seconde à perdre. Mary Marquet lui fait travailler son rôle et elle passe la plus grande partie de son temps au théâtre.

Durant le peu de temps libre qu'elle s'octroie, elle va faire les boutiques. Habitant toujours chez ses parents, elle a peu de frais et son salaire lui sert essentiellement d'argent de poche.

Une jolie paire de boucles d'oreilles blanches de la rue St Honoré ? Une capeline rouge sur mesure à 1 500 francs ? Aucun problème. Elle sort le portefeuille en cuir gravé à ses initiales que lui a offert Jacqueline pour son anniversaire, et règle ses achats au comptant.

Adorant la musique classique, elle se rend souvent au concert. L'une des personnalités les plus marquantes de la vie musicale française de l'époque s'appelle Charles Munch.

> « J'ai passé trois soirées merveilleuses ! écrit-elle à Jacqueline. Son art repose sur son charisme, son énergie et son élégance. Il m'a donné envie de reprendre des cours de piano. »

Lorsqu'elle ne va pas au spectacle, elle est invitée à dîner. Il lui arrive même de se rendre chez Marie Bell et Jean Chevrier où elle retrouve Mary Marquet, parfois accompagnée de son fils. Clarisse aime écouter leurs discussions qui lui permettent d'affiner son jeu d'actrice.

Le 12 novembre, au lendemain de l'envahissement de la zone libre par les Allemands et les Italiens, *Phèdre* ouvre ses portes au public dans une mise en scène résolument moderne. Jean-Louis Barrault aborde la pièce la plus célèbre de Racine comme un opéra en quatre mouvements.

À l'origine, cette version était le projet d'Édouard Bourdet, administrateur de 1936 à 1940. Il avait confié la mise en scène à Louis Jouvet et le rôle-titre à Marie Bell, mais le départ de l'acteur pour une tournée sud-américaine changea ses plans.

« L'étude de *Phèdre* devait me marquer pour toujours : élixir alchimique des secrets de notre art, écrit Jean-Louis Barrault dans sa biographie. Quintessence de la poésie théâtrale : amour, haine, agressivité, théâtre de la cruauté. Racine m'apparut comme le plus musicien des poètes français.

Je fis une étude des mouvements symphoniques de *Phèdre*. J'en décomposai la métrique comme pour une tragédie grecque. Je l'étudiai tellement que je pus un jour en faire lecture sans recours au texte. Les 1 654 vers me sortaient de la peau. Je revins de cette plongée plus convaincue que jamais. »

À force de répétitions et de discipline, Clarisse prouve à Mary Marquet qu'elle est capable de jouer les répliques de Panope. Comme elle l'avait prévu, le spectacle est magnifique.

Le 10 décembre, pour le 132ᵉ anniversaire de la naissance d'Alfred de Musset, la Comédie-Française programme *Les Nuits* de Musset sur des mélodies de

Chopin. Clarisse est la muse de Maurice Donneau dans la *Nuit de mai* ; Marie Bell et Henriette Barreau sont les interprètes des trois autres *Nuits*.
À nouveau, le succès est au rendez-vous.

Marie Bell et Clarisse Deudon (Phèdre) ©Harcourt

« Un jour, Clarisse m'avait demandé d'aller la voir dans la *Nuit de mai*, se souvient Claude Nollier. C'était un texte difficile, mais contrairement à moi, Clarisse avait de la mémoire. C'était du labeur. Quand je l'ai vue sur scène, j'ai été époustouflée. »

Pierre Bertin est emballé par la prestation de Clarisse. Il lui propose de participer à la prochaine matinée poétique qu'il organise quinze jours plus tard. Sa mère l'emmène d'urgence chez Robert Piguet où Clarisse commande une robe noire chatoyante en lainage fin, garnie de paillettes noires. Très chic et bien coupée, elle lui fait une taille de guêpe et la facture est à la hauteur de son cachet : 8 000 francs, prix d'artiste.

Après quoi, elle passe chez son coiffeur qui lui propose une nouvelle couleur.

« Beaucoup trop rouge à mon goût, mais pour l'amour de l'Art, je me ferais teindre en vert. »

Dès la sortie d*es Visiteurs du Soir* de Marcel Carné, elle se précipite au cinéma.

Elle se rend aussi au théâtre. Elle rit dans *Margot*, la pièce d'Édouard Bourdet avec Yvonne Printemps et Pierre Fresnay, et vibre avec *Macbeth,* mis en scène par Gaston Baty, au théâtre Montparnasse.

Sur une autre scène parisienne, des élèves de Serge Lifar dansent sur des poèmes dits par des Comédiens-Français. Révélant « toute la musique des vers », le spectacle est étonnant. Elle n'a qu'une envie : intégrer la troupe.

Pour sa part, elle se voit attribuer le *Cantique des colonnes* de Valéry et le *Cantique de la chambre intérieure* de Claudel lors de la matinée poétique, intitulée

47

Cantate à trois voix en hommage à Paul Fort, Paul Valéry et Paul Claudel.

En cette fin d'année 1942, aucune représentation n'est prévue les 29 et 30 décembre. Les employés qui n'ont pas passé Noël en famille, et qui sont d'astreinte pour le Nouvel An, ont bien mérité ces deux jours de repos. Sachant qu'elle est sur scène le soir de la Saint-Sylvestre, Clarisse propose à son père de réveillonner avant l'heure. Ils se rendent chez Skarjinsky, un restaurant russe qui propose un dîner-spectacle.

Aux alentours de trois heures du matin, ils doivent se frayer un chemin à travers les patrouilles allemandes et la police qui sillonnent les rues de Paris. C'est alors qu'elle s'aperçoit qu'elle a oublié son cache-nez.

« Je suis aux cent coups, écrit-elle à Jacqueline. La boite russe n'a jamais retrouvé l'écharpe de Maman. Je tremble à l'idée de son retour. Autre catastrophe : figure-toi que j'ai voulu mettre ma plus belle robe pour le réveillon. Elle était un peu froissée et, prise d'un zèle hyperbolique, je prends le fer et la pattemouille et vlan ! je lui fais une marque lustrée impossible à atténuer. Je l'ai rapportée chez Piguet. Ils vont devoir me faire une autre basque. »

Pour se consoler, Clarisse va voir le dernier ballet de Serge Lifar : *Joan de Zarissa*. Elle sort de l'Opéra enthousiasmée. Le chorégraphe, et directeur de l'établissement, est devenu sa nouvelle passion et elle garde l'espoir de travailler avec lui.

L'année se termine sur une représentation de *Phèdre*. Le bilan des quatre premiers mois au Théâtre-Français est concluant : elle a participé à cinquante-quatre représentations depuis son engagement.

ANNÉE 1943

Le 1er janvier, Clarisse se retrouve sur scène pour jouer *Phèdre*. Une semaine plus tard, elle participe à la matinée poétique consacrée à Alfred de Vigny. Le soir même, elle enchaîne avec *L'Autre Danger*. De son côté, son ami Jean Desailly fait ses débuts dans *Fantasio*. Donnée en matinée, la pièce est retransmise à la radio.

> « Il a joué d'une façon remarquable. Comme je l'adore, ça m'a fait bien plaisir. De l'avoir vu, cela me rassure pour mes propres débuts et j'ai même envie d'y être, maintenant. Vaudoyer m'a dit qu'il me donnerait peut-être Atalide, dans *Bajazet*, au lieu d'Andromaque. Cela me plaît énormément. Je dois me tuer en scène et c'est moins dur. »

Le lendemain, jour anniversaire de Molière, il est de coutume de donner *Le Malade Imaginaire*. Dans la dernière scène, tous les Comédiens-Français assistent à la cérémonie en robe de médecin et doivent répondre en chœur « *Bene, bene, bene respondere - Dignus, Dignus est intrare - In nostro docto corpore* » lors de l'intronisation d'Argan. Clarisse, pour qui c'est une première, se régale sur scène.

Cependant, l'usage répété du maquillage devient problématique. Sa peau se couvre de boutons et plus elle tente de les dissimuler sous les fards, pire c'est. Clarisse frôle plusieurs fois la crise de nerf.
Elle consulte des spécialistes et se rend dans de nombreux instituts de beauté pour trouver une solution, en vain.
En dernier recours, elle demande à l'administrateur de lui accorder un congé pour laisser respirer sa peau. Dans sa jeunesse, les séjours à la montagne étaient la panacée : son acné purulente disparaissait avec le froid sec. Jean-Louis Vaudoyer préfère l'envoyer chez un spécialiste. S'il lui prescrit du repos, sa demande sera exaucée.
Ce n'est pas le cas, mais Clarisse ne renonce pas. En attendant, elle cache sa peau avec une poudre antiseptique blanche. Ses camarades, la croyant malade, s'inquiètent pour elle. Elle finit par obtenir un certificat médical confirmé par l'Ordre des médecins, ainsi qu'un laissez-passer allant jusqu'au 31 mars.

L'administrateur lui accorde son congé, mais seulement après l'hommage rendu à Victor Hugo. Ravie, elle annonce la nouvelle à Jacqueline.

« Il faut absolument que tu viennes avec moi car je vais être seule avec le cafard et mes boutons. Fais ça par charité, si ce n'est par amitié et pour passer de bonnes vacances. »

Ce problème esthétique ne l'empêche pas d'aller au spectacle. Théâtre, ballets, concerts, opéras, cinéma, défilés de mode, elle rend même à un combat de boxe, salle Wagram.

« L'ambiance est inouïe. Des gamins sautent de joie, de désespoir. La boxe elle-même est belle, mais quelle boucherie ! Quelle cruauté, cette foule excitée autour de deux hommes ensanglantés et épuisés. Heureusement qu'après, il y avait la 6e symphonie de Beethoven qui m'a de nouveau bouleversée. »

Enfin, elle va assister au récital de poèmes de Mary Marquet qui rend hommage à Verlaine et Baudelaire.

« Elle est admirable ! Et comme on me considère comme sa fille spirituelle, c'est très flatteur pour moi », écrit-elle à Jacqueline.

Il lui arrive souvent de se rendre au foyer des artistes de la Comédie-Française pour assister aux cours de mime de Jean-Louis Barrault ou de se plonger dans la lecture.

Coquette, elle aime aussi faire les boutiques. Situé au bout de sa rue, *Franck & Fils* est l'un de ses magasins préférés. Elle y découvre le turban « épatant pour se coiffer à la hâte » qui devient, avec les foulards, sa coiffure favorite.

C'est ainsi que Clarisse essaye de se détendre en cette période particulièrement chargée, d'autant plus que le gouvernement de Vichy instaure le Service de Travail Obligatoire. Les jeunes français sont réquisitionnés pour travailler en Allemagne nazie.

À la Comédie-Française, les amis de Clarisse, dont Jean Desailly et Jacques Charon, n'ont aucune envie de quitter Paris pour participer à l'effort de guerre des ennemis de la France. Leur moral est au plus bas. Malgré l'Occupation, la vie continue et, à la Comédie-Française, Clarisse enchaîne les répétitions.

> « J'ai non seulement le grand honneur de faire partie de deux nouvelles matinées poétiques, écrit-elle à Jacqueline, mais j'ai aussi le grandissime honneur de travailler avec Pierre Bertin. En même temps, j'alterne les répétitions de *Phèdre* et de *L'Autre Danger*. Pas de quoi m'ennuyer avant mon départ à la montagne. »

Les 18 et 27 février, au Théâtre de Chaillot, elle participe à une matinée poétique autour de Goethe et de Victor Hugo.

Le lendemain, son laissez-passer en poche, elle part pour Val d'Isère. Elle s'arrête à Lyon et rejoint Jacqueline au studio photo où elle pose pour le magazine *Marie-Claire*. Le photographe leur propose de faire un portrait d'elles et Clarisse repart avec le cliché qui immortalise leur amitié indéfectible.

Clarisse Deudon et Jacqueline Sides

Son séjour à la montagne permet à sa peau de respirer. L'inflammation diminue à vue d'œil. Avant de rentrer à Paris, elle fait un détour par Nice pour aller embrasser sa grand-mère qui lui manque.

Dès son retour au Théâtre-Français, elle reprend sa place dans *Phèdre* pour la représentation du 2 avril, tout en continuant à répéter le rôle-titre d'*Andromaque,* et à jouer dans *Cyrano de Bergerac*, interprétant tantôt Sœur Marthe, tantôt une précieuse.

Le 8 mai, Clarisse fait partie de la représentation spéciale consacrée aux écrivains du XIXᵉ siècle. Elle interprète Lucrèce dans la tragédie du même nom de François Ponsard.

« Je suis arrivée à 2 heures pour la matinée poétique *Il y a 100 ans*, écrit-elle à Jacqueline. Jusqu'à 5 heures tout le monde était après moi pour me draper, me coiffer, me bichonner. J'étais d'une humeur de chien parce qu'on m'a fait répéter une demi-heure avant en me changeant tout, et surtout parce que j'étais mauvaise comme un cochon. Vaudoyer n'arrêtait pas de me répéter : 'Du nerf là-dedans !' en me faisant me lever à un endroit sans aucun motif sauf que 'ça fera très bien'.

En plus, une journaliste est venue m'interviewer pour savoir ce que je pensais de Lucrèce. Dans mon énervement, j'ai répondu que cette première scène avait brisé en moi tous les élans vers une connaissance approfondie de ce génie. Je n'allais quand même pas lui avouer que je ne connaissais en tout et pour tout que l'unique scène dans laquelle je jouais. Bref, Vaudoyer était content, c'est l'essentiel, et Bertin m'a embrassée dans le cou. À part ça, j'ai envie de pendre la crémaillère dans ma loge avec cinquante personnes ! »

Le 27 mai 1943, *Iphigénie à Delphes* de Gerhart Hauptmann, entre officiellement au répertoire du

Français. Cette œuvre musicale, composée par André Jolivet, est mise en scène par Pierre Bertin.

Clarisse ne fait qu'une simple apparition en interprétant l'esprit de Clytemnestre. Pourtant, elle doit venir à toutes les répétitions et rester d'un bout à l'autre.

> « C'est un peu idiot pour seulement une minute de présence mais cela me servira lorsque je doublerai Mme Marquet. Et puis, je m'initie aux joies de la trappe : quatre machinistes me hissent par des poulies sur un petit tabouret. Je meurs de frousse et de rigolade. En plus, j'ai une balafre rouge sur le front et une éclaboussure de sang sur ma tunique blanche… Très Grand-Guignol ! »

Le moment tant attendu de ses *débuts* approche. Clarisse se rode dans une tournée organisée par l'Union des Jeunes Comédiens, qui se termine au Théâtre de l'Odéon. La voilà prête à affronter le public du *Français*.

Malgré leurs emplois du temps chargés, Clarisse Deudon et Maurice Escande participent au Carnaval des Costumes, un gala de charité donné au profit des prisonniers de guerre et de leur famille. Ils y retrouvent de nombreux autres artistes, dont le danseur étoile Serge Lifar.

Durant cette soirée, le corps de ballet vient se mêler au public en costumes pittoresques pour vendre des programmes et des fleurs. Les spectateurs se montrent généreux et la recette se monte à 1 060 000 francs.

Clarisse conclut les six premiers mois de l'année 1943 en interprétant la Muse dans la *Nuit de mai*, cette fois avec Julien Bertheau.

Serge Lifar ©Teddy Piaz

Le lundi 2 août, elle se rend à l'Opéra voir *Icare*, suivi d'un autre ballet de Serge Lifar : *Le Chevalier et la Demoiselle*. La soirée se termine chez *Maxim's* en compagnie du chorégraphe. Lorsqu'il propose à

Clarisse de déclamer des poèmes au milieu de ses danseurs, elle voit enfin son rêve se réaliser.

À la rentrée de septembre, de façon inattendue, Jean Cocteau demande à Clarisse de remplacer Mary Marquet, contrainte de s'absenter, dans le rôle d'Oriane de *Renaud et Armide*. Sa contrariété ne l'empêche pas d'apprécier le talent de la jeune actrice.

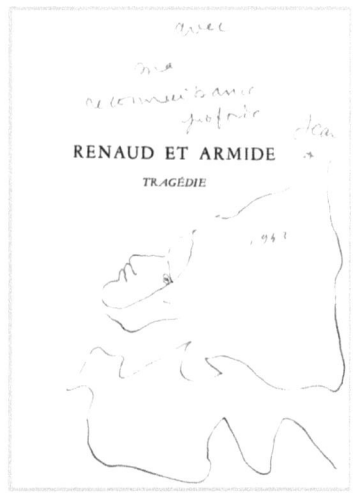

« Avec ma reconnaissance profonde »

La pièce ne remporte pas le succès escompté, pour autant la pièce sera jouée quarante-deux fois au Théâtre-Français entre 1943 et 1948.

Pendant ce temps, Clarisse enchaîne répétition sur répétition pour assurer ses débuts dans *Andromaque*, le mois suivant.

« Je comprends Andromaque, je ressens Andromaque, je suis Andromaque », écrit-elle à Jacqueline.

Clarisse, qui tient le rôle depuis qu'elle l'a présenté au concours de sortie du Conservatoire en 1942, celui-là même qui lui a permis d'être engagée au Théâtre-Français, aborde cette soirée avec confiance. La pièce est précédée par *Un Jour*, un texte poétique de Francis Jammes. Puis Clarisse entre en scène. Tout se passe à merveille.

Elle est acclamée. Maurice Escande et Marie Bell s'effacent pour lui laisser la seule joie de son accueil.

La pièce est jouée à guichet fermé et le semainier note dans son registre que le doyen de la Comédie-Française, Denis D'Inès, aurait bien aimé assister aux Débuts de Clarisse Deudon, mais ne put le faire, aucune place ne lui ayant été réservée. Ce cap franchi, Clarisse se sent libérée d'un grand poids.

Le papillon est sorti de son cocon. Reconnue par ses pairs, Clarisse saute dans un train qui la conduit vers une nouvelle création théâtrale : *Le Soulier de satin*.

CD

III

Le Soulier de satin

Les mots ont une âme - Paul Claudel

En cette fin d'année 1943, alors que Clarisse vient de débuter officiellement à la Comédie-Française, elle se retrouve le même soir dans *La Reine Morte* pour jouer une dame d'honneur. Pour la 100e représentation, Henry de Montherlant est venu féliciter les acteurs pour l'excellente interprétation de son œuvre.

Entre les 12 et 20 novembre, la Comédie-Française donne deux nouvelles représentations de *Renaud et Armide*. Une matinée est consacrée aux *Œuvres de Poètes Prisonniers,* un hommage aux hommes qui ont risqué leur vie pour la France.

Dans l'effervescence générée par la création du *Soulier de satin ou Le pire n'est pas toujours sûr* de Paul Claudel, chacun vaque à ses occupations. L'ambiance est tendue mais laisse filtrer la bonne humeur.

La première répétition a lieu le 14 novembre, une date mémorable pour l'auteur qui en sort « étourdi et bouleversé. »

Il ne regrette pas le choix de l'administrateur d'avoir confié la mise en scène à Jean-Louis Barrault, le plus jeune sociétaire de la Comédie-Française.

« Bondir sur *Le Soulier de satin*, le saisir à bras-le-corps, c'était aussi engager une lutte serrée avec toute la machine théâtrale, explique Jean-Louis Barrault. Il fallait agréger une troupe de talent - et il est à remarquer bien souvent que plus l'acteur a de talent, moins il s'agrège facilement ! »

La première représentation est donnée le 27 novembre 1943 avec deux mois de retard. Elle fait salle comble.

Clarisse Deudon (la Lune) et Marie Bell (Doña Prouhèz)

« C'était une pièce extraordinaire, se souvient Denise Gence. Dans *Le Soulier de satin*, il y avait une autre vision du décor, et les comédiens n'étaient pas dans la routine, mais dans l'esthétique. Tout le monde a crié au génie et les gens se bousculaient devant le guichet pour avoir une place. »

Pour Clarisse, c'est une nouvelle consécration. Vêtue d'une combinaison soulignant sa ligne filiforme, une longue perruque cachant pudiquement sa poitrine, elle joue la Lune, celle qui projette les ombres entremêlées d'un homme et d'une femme qui s'aiment.

Par ailleurs, Pierre Bertin, qui l'a intégrée dans ses matinées poétiques, lui propose de réciter *Mademoiselle de M.*, un poème de Théophile de Viau pour la *Soirée des Poètes de Louis XIII*.

Le samedi 25 décembre en matinée, nouvelle Poétique pour l'anniversaire de la naissance de Racine, intitulée : *Le Voyage au pays de Racine*. Le Conseil décide de donner la parole aux œuvres du poète Paul Fort.

Venu visiter la ville natale du dramaturge, Paul Fort écrit *La naissance du printemps à La Ferté-Milon* d'où est tiré *Cantilène* récité par Clarisse Deudon et Pierre Bertin.

Le soir même, Clarisse est de nouveau sur scène pour donner la réplique à Marie Bell dans *Phèdre*.

En cette fin d'année 1943, alors que la défaite allemande est devenue inévitable, l'envahisseur redouble de méfiance. Jean-Louis Barrault, soupçonné de faire du *Soulier de satin* un « gala pro Alliés » est menacé de déportation. La pièce étant considérée comme « un miracle au milieu des ténèbres », il échappe à la sanction.

ANNÉE 1944

Lors de l'année de la Libération de Paris, la pièce de Paul Claudel confirme son succès avec cinquante-trois représentations. Ce nombre aurait pu être supérieur si Jean-Louis Barrault n'avait pas tourné dans les *Enfants du Paradis* de Marcel Carné.

Le 24 mars, Jean-Louis Vaudoyer, en désaccord avec la politique de collaboration d'Abel Bonnard, le ministre de l'Éducation et de la Jeunesse, présente sa démission.

L'administrateur remercie chaleureusement les membres du comité sans lesquels il n'aurait pu mener à bien sa mission. Pierre Dux, alors pressenti pour le remplacer, demande un délai de réflexion du fait de son implication dans la Résistance. Jean Sarment est alors nommé le 31 août, mais démis de ses fonctions dès le lendemain, c'est finalement à Pierre Dux que l'on confie la Comédie-Française.

Avec la réouverture du théâtre, le 27 octobre, Pierre Dux est inquiet. À l'heure de l'épuration, deux sociétaires sont incarcérés pour complicité avec l'ennemi, dont Mary Marquet. D'autres sont suspendus ou remerciés.

Pour Clarisse, le spectacle continue et les répétitions s'enchaînent. Sur les soixante-deux pièces programmées pour la saison, elle va en jouer onze. Parmi les reprises, *Le Soulier de satin* commence dès le premier jour de l'année. La semaine suivante, lors de la 18ᵉ représentation, une alerte se déclenche à 19 heures. Elle dure près de trois quarts d'heure, obligeant les spectateurs à se réfugier dans les abris.

Malgré les menaces et le manque de chauffage dans la salle, la troupe continue à divertir les spectateurs emmitouflés qui n'ont pas fui la capitale. Ils peuvent ainsi oublier le péril allemand le temps d'une représentation.

La pièce est jouée treize fois de plus ce même mois, et Clarisse doit également assurer deux matinées poétiques : la *Nuit de mai*, avec Julien Bertheau, ainsi qu'un hommage à Anna de Noailles, une écrivaine du XIXᵉ siècle dont elle récite deux poèmes : *Prière devant le soleil* et *Lorsqu'un jour sonnera*.

Cette année-là voit également le retour de *Phèdre* avec quatre représentations au mois de janvier. *Renaud et Armide* n'est donnée que trois fois dans la saison, le dernier spectacle ayant été annulé pour cause d'alerte, peu avant le lever du rideau.

Clarisse travaille son nouveau rôle dans *Suréna*. Elle est Ormène, la dame d'honneur et confidente d'Eurydice. Cette tragédie de Corneille est jouée trois fois au début de l'hiver et, lors de l'unique représentation du mois de mars, une alerte a lieu à la fin du premier acte.

Vingt minutes plus tard, Pierre Bertin vient sur scène résumer le deuxième acte et la pièce reprend au troisième.

Durant cette période, Clarisse joue alternativement dans *Andromaque, Suréna* et *Le Soulier de satin,* sans oublier *Cyrano de Bergerac* dans laquelle elle endosse le costume de la 5ᵉ sœur plus d'une dizaine de fois au cours de l'année.

Clarisse Deudon et Jacques Dacqmine en répétition

Elle fait également partie d'une nouvelle matinée poétique intitulée *Les Grands Classiques* dans laquelle elle déclame, avec Jacques Dacqmine *Le Saint Amour* de Bossuet.

En avril, *Andromaque* est de nouveau à l'affiche. Le rôle de l'héroïne ayant été rendu à Mary Marquet contre qui les poursuites ont été abandonnées, Clarisse reprend celui de Cléone, la confidente d'Hermione, fille du roi Ménelas.

Au mois de mai, alors que les combats font rage et que certaines représentations sont interrompues par des sirènes et des coupures d'électricité, une matinée poétique est programmée en hommage à Frédéric Mistral.

La Comédie-Française propose quatorze de ses poèmes dont un extrait de *Calendal,* interprété par Clarisse.

Pendant ce temps, Mary Marquet, ayant obtenu l'autorisation du Comité de monter *Horace*, dirige les répétitions.

La première a lieu le 16 mai. Cette tragédie dédiée au cardinal de Richelieu est le deuxième grand succès de Corneille. Clarisse est retenue pour le rôle de Julie.

En août, Paris est libéré, mettant ainsi un terme à quatre années d'Occupation, ainsi qu'aux interruptions de spectacles.

Pour célébrer l'événement, le Théâtre-Français, fermé durant trois mois, rouvre ses portes en octobre avec une soirée poétique intitulée *Poètes de la résistance* donnée au bénéfice des Forces Françaises de l'Intérieur en présence du Général de Gaulle.

Au programme, des poèmes d'Éluard, d'Aragon, de Jacques Decour et de Pierre Seghers présenté par François Mauriac.

Au mois de novembre, outre son rôle de la Lune dans *Le Soulier de satin*, Clarisse interprète celui de la négresse Jobarbara, la servante de Dona Prouhèze, inspiré des femmes que Claudel a rencontrées en Martinique.

Le 21 décembre, la Comédie-Française donne la 207e représentation *d'Esther* de Racine. Écrite en 1689 pour Mme de Maintenon, cette tragédie traite du peuple juif condamné à mort par le roi Assuérus, mais sauvé par la reine Esther.

Le décor unique de palais à volonté, avec ses colonnes et ses immenses portes, est à la fois majestueux et simple. Quant aux costumes, leur sobriété et leur unité conviennent on ne peut mieux à l'atmosphère de la tragédie.

Georges Le Roy, qui a déjà monté la pièce en 1938, reprend la même réalisation, avec Marie Bell et Jean Chevrier dans les rôles principaux. Désireux d'avoir son élève dans la distribution, il donne à Clarisse le rôle de Thamar, une Israélite de la suite d'Esther.

Le mois de décembre est aussi le temps des comités de fin d'année, une spécificité dans le fonctionnement de la Comédie-Française.

Cette année-là, le Comité décide de supprimer les coryphées et d'augmenter certains salaires : 700 francs pour Robert Manuel, 200 pour Jean Dessailly et Clarisse Deudon.

La Comédie-Française termine l'année comme elle l'a commencée, avec une représentation du *Soulier de satin* dans laquelle Clarisse incarne de nouveau la Lune. La boucle est bouclée.

IV

La tournée royale

Le monde entier est un théâtre et tous, hommes et femmes,
n'en sont que les acteurs - Shakespeare

Depuis trois ans que Clarisse est pensionnaire au Français, l'institution est devenue sa seconde famille.

Les 4 et 8 janvier 1945, elle est sur scène pour interpréter la *Nuit de mai* en matinée et *Esther* en soirée. Le 9, elle se rend à Dreux pour participer à un spectacle dédié aux familles des combattants tombés pour la France. Organisé par Silvia Monfort, il s'intitule *Mouvement de Libération nationale*. Clarisse se voit confier un poème d'Aragon qui débute par *Je vous salue ma France*, devant un public saisi par l'intensité de son jeu.

Après cette parenthèse patriotique, Clarisse redevient la Négresse Jobarbara, en alternance avec la Lune, dans le *Soulier de satin* pour sept représentations. Le 20 janvier, le spectacle est annulé dû à une coupure de courant, aléas de la guerre.

Le Théâtre Universitaire de l'Académie de Rennes invite Clarisse Deudon et Jean Valcour, à jouer dans la pièce d'Alfred de Musset : *On ne badine pas avec l'amour*. Dans ce drame romantique écrit en 1834, Alfred de Musset, dénonce l'orgueil et affiche son mépris vis-à-vis de l'éducation donnée dans les couvents.

Après cet intermède breton, Clarisse est de retour sur la scène du Français dans *Antoine et Cléopâtre* de William Shakespeare, traduite par André Gide. Marie Bell interprète Cléopâtre et Clarisse joue Charmion, sa suivante.

Les 21 et 22 avril, lors des matinées poétiques intitulées *Paul Valery et sa famille spirituelle*, Clarisse reprend le *Cantique des colonnes*. Présent à la première représentation, Paul Valery lui dédicace son texte sur le plateau : « À Clarisse Deudon, colonne gracieuse. »

La première d'*Antoine et Cléopâtre* est prévue le 30 avril, mais les ennuis s'enchaînent.

« Le jour de la générale, Marie Bell perd sa couronne à la fin de la pièce, écrit Clarisse à Jacqueline. Les gens ont plus ou moins crié au scandale ou au génie. Dans l'ensemble, ils trouvent cela assez ennuyeux, mais intéressant. La presse est assez enthousiaste. »

Peu après, un problème de santé empêche Aimé Clariond de remonter sur scène.

« Pour une fois que j'avais un rôle, on ne va pas jouer *Antoine et Cléopâtre*. Clariond s'est paraît-il fait radiographier et il aurait un poumon voilé… mais la légende au théâtre est si vite créée.
J'espère que ce n'est pas embêtant pour lui. Et pour nous aussi, car nous nous sommes couverts de ridicule ! Cela fait trois fois qu'on lance les invitations et que nous les décommandons. Pendant ces vacances forcées, j'aurais bien voulu partir à la campagne, mais il fait vraiment un temps de chien, alors je fais des choux à la crème. »

En attendant que Maurice Escande puisse reprendre le rôle, Clarisse se morfond chez elle. Elle a des maux de tête, des boutons et le cafard qui va avec.

« Je suis assez claquée ce qui m'étonne de moi, écrit-elle à Jacqueline. Je me croyais d'une force à toute épreuve. J'ai hâte que la pièce soit reprogrammée : à part les deux représentations d'*Andromaque*, les 12 et 26 mai, et une matinée poétique donnée en hommage à Jean Giraudoux, je n'ai absolument rien de prévu. »

Peu de temps après, quand la radio l'appelle pour faire des émissions écoutées jusqu'aux Amériques, sa bonne humeur reprend le dessus.

« J'ai récité des vers de Max Jacob. Dire que ma voix va passer par Brazzaville, je trouve ça inouï. De me trouver ensuite en voiture particulière avec trois beaux gars, cela m'a paru comme la vie avant-guerre où les jolies filles étaient reines. Chacun venait me faire son brin de cour et guettait le départ du dernier pour se précipiter. Le beau Fred m'a dit : « Quand vous vous ennuierez, dites-le-moi. Vous êtes là alors moi, je ne m'ennuie pas ». Nous avons dansé *cheek to cheek*, c'était délicieux. Pourquoi certains êtres savent vous ouvrir les yeux et d'autres vous les ferment ? Tu ne crois pas qu'il faut essayer de faire tout ce qu'il nous plaît et de lâcher quand c'est impossible ? »

Même si elle ne se plaint pas des privations de la guerre, elle ne cache pas sa joie lorsqu'elle reçoit une boite de cacao en cadeau.

« Toute la maison se gave de chocolat au lait. Il y a si longtemps que nous n'avions eu ce plaisir que ça en paraît inouï. »

Finalement, *Antoine et Cléopâtre* est programmé à la mi-mai et l'une des représentations est réservée aux salariés de la Comédie-Française.

Le 8 mai 1945, le Général de Gaulle annonce la fin des hostilités. La France célèbre la Victoire des Alliés et la capitulation de l'Allemagne. Pour fêter l'événement, la Comédie-Française donne une représentation gratuite.

« Comme tu t'en doutes, l'événement du jour a été le *V. Day*, raconte Clarisse à son amie. Je ne sais pas pourquoi j'étais d'une humeur de chien ce jour-là. J'aurais voulu être d'une joie extraordinaire et l'unir à quelqu'un ou à quelques-uns, mais tout ne s'est pas passé comme je l'aurais voulu. La minute vraiment émouvante de la journée a été l'annonce du Général de Gaulle suivie des sirènes. La vie est curieuse car voici ma position de réceptivité : j'étais en train de faire ma toilette, les cheveux entortillés dans un chiffon, un bout de coton d'une main, ma lotion de l'autre.
Je suis restée les yeux fermés, sans bouger tout le temps des sirènes en pensant : 'Maintenant, ça y est. C'est fini.' Une chose, essentielle certes, mais encore si lourde et si incertaine que la position de

joie ou d'émotion était difficile à prendre. Comme il était convenu qu'on devait être joyeux ce jour-là, je me suis habillée en bleu-blanc-rouge, et mis une fleur dans les cheveux.

Je suis sortie me mélanger à la foule : je l'ai aperçue dans le métro qui était intenable, et du toit de la Comédie-Française, où cette joie carnavalesque, qui aurait dû être un peu religieuse et plus contenue, sentait la sueur. Desailly, non loin de moi, me demande quelles sont mes impressions. Je n'ai su quoi lui répondre.

Le matin même, j'avais eu la bonne idée de me faire couper les cheveux dans une cohue de jeunes femmes zazoues qui voulaient être belles pour le soir. Pendant ce temps, la jeunesse estudiantine braillait tous les hymnes nationaux qu'elle savait autour de l'Arc de Triomphe. Je dois avouer que l'ambiance était à voir. »

Quatre jours plus tard, après la matinée poétique donnée en l'honneur de Jean Giraudoux, Clarisse joue *Andromaque* avec Jean Chevrier. Le climat national est toujours à la liesse et Clarisse n'est pas en reste.

« L'autre jour, j'ai été partagée entre une soirée avec des Américains, ou avec Louise Conte à Montmartre. J'ai choisi les Français pour ne pas être exclue à jamais de la bande, mais la soirée était ratée. Rien n'était préparé jusqu'au gâteau qui était dur comme de la brique. Pour le reste, il y a un conseil aujourd'hui des pensionnaires pour se faire augmenter et il est plus que probable que je parte en Angleterre en juillet. Chic ! Mais aussi que Dux démissionne. Zut ! »

Lors des matinées du 16 et 23 juin consacrées à Charles Péguy, Clarisse récite *Booz endormi,* Victor Hugo ayant profondément marqué l'écrivain dans sa prime jeunesse.

Entre les deux représentations, Clarisse retrouve son rôle de Panope dans *Phèdre* et fait partie de la soirée intitulée *La Nuit du Théâtre,* donnée par la Comédie-Française au profit de la Maison du Réfractaire.

Une tournée en Grande-Bretagne se prépare. Le départ pour Londres est prévu le 29 juin. À la gare, on lui donne ses billets. Des jaunes et des roses. Les uns pour le train, les autres pour le bateau. Pierre de Rigoult offre aux dames le traditionnel bouquet tricolore qu'elles mettent en boutonnière. Dans le compartiment, Clarisse retrouve ses partenaires Jean-Louis Le Goff, Arsène Drancourt le nez dans son dictionnaire, Paul-Émile Deiber, ainsi que des Anglais et des Américains.

« Arrivée à Dieppe à 11 heures, je me lève pour voir la première barque, trapue, deux marins, un mât sans voiles. Ici, la mer est dans un bassin. Elle croupit dans sa vase. Le train traverse la ville pour nous conduire à un quai. Les maisons sont de granit, les bistrots sont porte à porte et de toutes nationalités. Des petites rues perpendiculaires finissent dans le ciel délavé, des escaliers gris contournent des maisons basses. Un fruitier avec l'or des abricots. Dieppe a une magnifique allure. Solide, elle en a essuyé plus d'une. »

À la douane, on l'interroge sur ses documents militaires, elle montre son carton à chapeau d'où sort une plume désinvolte. On la laisse passer.

« Enfin le quai. De gros pavés. Deux marins marchent devant moi. J'aperçois le bateau, à marée basse, déjà rempli de militaires. On y parle anglais. Il l'est lui-même. Première sensation de l'étranger. La cabine collective. Des filles jolies en uniforme sont allongées sur des chaises longues et se passent du vernis à ongles. Je m'étends sur ma couchette une demi-heure puis monte sur le pont. J'apprends qu'on me cherche et que le départ est à une heure. Il est 12 heures 30. Un clair soleil apparaît. Je m'installe sur une grosse caisse, regarde le jeu des mouettes, savoure les instants puis m'étends, bientôt entourée d'Américains qui m'offrent des cerises. Un tonnerre me fait bondir. C'est la sirène. On part. Je vais voir ça de l'avant. C'est extraordinaire. Les maisons tournent et derrière le passage entre les deux digues, c'est l'immense mer. Elle est belle. Il y a sur le bateau un jeune officier qui voyage avec nous, les traits fins et l'air absent. J'aurais aimé savoir son secret. Un beau regard. Je vais me mettre sous la couverture dans la cabine que je partage avec Jean-Jacques Gautier. Je m'endors un peu. La porte claque. Jean-Jacques vient se donner un coup de peigne et en profite pour me conter l'histoire de sa vie et de son dernier roman. Échange de points de vue.

L'aventurier m'amuse. Il m'a annoncé les côtes anglaises. Je monte sur le pont. Je vois les falaises soigneusement découpées et blanchies. Une ville de plaisance sans plaisirs, sûrement. Un ravissant village sur les hauteurs et le port : Newhaven. Trois jeunes garçons nous font des signes et se poursuivent en criant des mots anglais : c'est l'Angleterre. La passerelle est à pic. J'ai des souliers impossibles, les mains encombrées de bagages. Un type du quai vient me secourir. Néanmoins, je m'enfonce une écharde dans l'index. Mon débarquement est raté. »

Une fois à terre, Clarisse fait la queue au bureau avant de reprendre le train. Elle rencontre un jeune homme blond frisé avec une chemise à carreaux, un nœud papillon et des knickerbockers, qui lui offre du sucre. Au wagon-restaurant, elle prend son premier thé anglais et observe le paysage.

« Le pays est très vert, assez joli. J'ai vu le premier cottage caché sous le lierre. Effarement de la première ville anglaise aux maisons semblables, noires, sans goût, sans allure. Dans le compartiment, trois vieilles Anglaises du type le plus pur. Un monsieur correct. Sans que rien le puisse prévenir, on se trouve soudain dans Victoria Station. On ouvre une portière. Une jeune femme en rouge demande en français où est Pierre Dux. C'est la BBC. On nous y attend.

L'aventure est drôle car ils pensaient trouver le gros des vedettes. En fait, ils ont eu Bibi, Deiber et Gautier. On nous enfourne dans de magnifiques taxis, conduits par une très masculine fille. Je tâche de regarder en passant et suis assez navrée de Buckingham Palace et du tout. Park Lane est très bien. »

Le lendemain, la troupe se rend au commissariat pour remplir des formulaires.

« Le petit commissaire est adorable et se trémousse sur sa chaise quand je lui dis : *actress*. Il est blagueur, mais un vieux rond de cuir se lève pour nous enjoindre de nous taire sur un ton courroucé. Nous prenons place parmi les muets des banquettes. »

Les documents en règle, Clarisse retrouve l'une de ses amies qui l'emmène manger d'excellents yaourts dans un restaurant turc. Le soir, curieuse de voir le jeu des acteurs britanniques, elle assiste à une représentation de la pièce à succès *Blithe Spirit* de Noël Coward.

« Je ne comprends rien, écrit-elle, sauf la situation. Une fille ravissante s'est peinte en gris vert dans une robe de voile gris, d'une minceur irréelle, pour jouer un fantôme. J'adore leur jeu. Familier, simple. Ils boivent tout le temps. Je m'embête un peu. À l'entracte, petit plateau avec café et cake. Inouï ! »

Dimanche 1er juillet : Clarisse assiste à la messe à l'Abbaye de Westminster. Les jours suivants, elle profite de son temps libre pour aller voir Munch, le chef d'orchestre qui répète avec Ginette Neveu à l'Albert Hall. Avant d'aller dîner, ils passent chez *Agnew's* sur Old Bond Street où Clarisse admire les toiles de Titien, Greco, Reynolds, Rubens.

Ils enchaînent sur le *Victoria et Albert Museum*. Collectionneur, Munch est aux anges et s'exclame devant les vitrines regorgeant de fers forgés et de poteries grecques. Ils prennent le thé au *Hyde Park Hotel* avant d'aller au *New Theater*.
Munch assiste aux préparatifs et c'est en compagnie de Marie Bell qu'ils vont dîner à *Soho* après avoir erré dans *Oxford Street* et flâné dans *Green Park*.

« Assis sur un banc, nous voyons tomber la nuit devant un petit lac sous les fenêtres du roi et de la reine. Un des plus beaux souvenirs de ma vie. »

En compagnie de sa partenaire Thérèse Marney, Clarisse va prendre le thé à l'*Over-Seas Club*. Elles rejoignent des Anglais groupés autour de théières, plum-cakes et sandwiches, sidérés par l'extravagance de leurs tenues.

Le soir, séance de cinéma avec Deiber avant d'aller dîner au *Club des Arts* avec Jean Desailly et Pierre Dargout. Déjeuner avec Mortimer, critique d'art.

Ils visitent la *National Gallery*, admirent la *Tate's exhibition* et s'extasient devant les illustrations de *L'Enfer de Dante* et une œuvre de Turner.

Après avoir fait la connaissance du conservateur, Clarisse est autorisée à entrer dans une salle fermée au public.

« Je reconnais des Hoggart et d'autres toiles admirables, surtout la *Gipsy*, et une ravissante dame au col de cygne : la Princesse de Lieven. Lors de la visite officielle, je vois mes premiers Titien, c'est *Noli me tangere* et *La Fête du Bacchus*, ainsi que d'autres toiles très célèbres de Greco, Boticelli et van Eych. Il y a aussi un beau Renoir, *Les parapluies*, ainsi qu'un merveilleux tableau de l'école italienne où la Vierge a le teint gris. »

Si Clarisse connaît si bien l'histoire de l'art, c'est grâce à son grand-père, Charles Henri Deudon. Après être devenu docteur en droit, il se passionne pour les peintres impressionnistes et passe d'atelier en atelier. Mécène de nombreux artistes tels que Renoir, Monet, Cernuschi, il acquiert des œuvres qui deviennent si célèbres qu'il les confie au National

Art Gallery de Washington et au Fogg Art Museum de Cambridge.

Charles Henri Deudon

Pour Clarisse et ses amis, vient ensuite la découverte des night-clubs.

> « Le club est un bain d'ombre d'où émergent des couples attablés autour d'une petite lampe ; on y meurt de chaud, de fumée. Un monsieur rapporte une quantité de bouteilles car on n'a pas le droit de servir à boire après 10 heures. Quel pays ! »

Un autre soir, la troupe est invitée à une réception où un pianiste donne un concert. De là, Clarisse rejoint un capitaine, connu dans l'après-midi chez Otto Lucas, le créateur des chapeaux de Greta Garbo.

> « Décidée que j'étais à m'amuser, je tombe sur un bec complet. L'officier en kilt déclare qu'il n'y a

rien à faire le dimanche soir à Londres. L'hôtel de *Gough Street* est extraordinaire ; il tient du foyer du soldat, de la maison estudiantine et de la salle d'attente d'une gare. Il y a un Reynolds, des tas de très vieilles gravures, des cruches énormes, un cuivre, des grilles de fer forgé, un dédale de couloirs. Des types seuls rêvent devant d'énormes pichets de bière. L'ennui irrésistible règne, comme cette dame qui tient l'hôtel, très vieille, avec une peau merveilleuse et des yeux trop clairs qui ont oublié le temps. Mony vient m'y retrouver avec son ami. Dégoûtés, nous rentrons à l'hôtel et nous buvons une bouteille de champagne tiède à nous trois. »

Pour la réception à l'ambassade, Clarisse met sa robe de soirée. Les salons, éclairés par des flambeaux d'argent à cinq bougies, donnent sur une terrasse couverte d'un store vert cru à grosses raies blanches.

« On se croirait à une opérette. Je reconnais Mortimer. Je fais la connaissance du maître de ballet, Fred Ashton. Je suis ravie car on parle de danse, de Serge Lifar, de Paris, de Monte-Carlo.
Il ressemble à l'acteur Guy Laîné, très artiste, les cheveux en brosse. Il parle français avec l'accent russe ! »

Les répétitions commencent le 6 juillet au *New Theater* situé dans la Cité de Westminster.

« Je suis dans ma loge, en Panope, note Clarisse dans son journal. Un petit carreau de ciel très bleu, des badauds aux fenêtres et Thérèse fumant à côté. Voilà le cadre. Résumons le séjour. La mauvaise humeur règne. Thérèse bavarde et m'ennuie. Elle va avoir dix-huit ans et parle de l'amour... »

Trois jours plus tard, la troupe joue *L'Impromptu de Versailles,* suivi du *Barbier de Séville,* pièce dans laquelle Clarisse joue une soubrette.

Mony Dalmès et Clarisse Deudon

À l'issue de la représentation, les acteurs sont félicités pas la duchesse de Kent.
Un soir, Louise Conte, écrasée par le poids du rôle, sort de scène en sanglotant.

« Elle est comme une folle et pas un spectateur ne suppose le prix qu'on paie à le distraire », compatit Clarisse.

Le lendemain, la troupe se rend à une réception russe. Organisée dans un restaurant hongrois avec Googie Withers, une ravissante actrice britannique, et un russe plein de vie, Clarisse, Thérèse, Freddie Ashton et Lord Moore se rendent au Milroy, un club avec orchestre et piste de danse.

« À minuit, c'est le *God save the King*. Si impromptu pour moi que j'en avale mon brandy de travers. Cette musique douce me met l'âme en compote. *Long ago and far away* m'achève. Au moment de quitter le restaurant vidé, le russe s'est mis au piano. Googie a chanté. J'ai esquissé un pas de danse. »

Le surlendemain, c'est au Savoy Hotel, l'unique palace donnant sur la Tamise, qu'elle retrouve Lord Moore. Tombé sous son charme, il lui fait la cour en la couvrant de cadeaux, de fleurs et de livres. Si elle s'en amuse, Clarisse n'en est pas moins touchée.
Pour la dernière soirée de la tournée londonienne, la troupe joue *Ruy Blas* dans laquelle Clarisse est une

dame d'honneur. À la fin de la représentation, tous les acteurs sont en tenue de soirée et les femmes ont une gerbe de fleurs dans les bras. Pour remercier l'assistance, Pierre Dux tient à parler anglais. Tous se voient offrir des cocardes tricolores, des boites de chocolats et des conserves.

« Au moment de *La Marseillaise*, nos yeux sont loin. Il y a un parfum de France, un serrement au cœur, se souvient Clarisse. D'une phrase banale, chacun a traduit son sentiment, mais personne n'y a échappé. »

Pour clore le séjour de la troupe à Londres, le British Council donne un dîner en leur honneur. C'est là que Clarisse rencontre Mrs Gage, une charmante Américaine, dont le mari est ambassadeur à Paris.

« Sa voix est douce avec des accents traînants. Elle parle français couramment. Deux yeux bleus immenses contrastent avec sa bouche, plutôt petite. Ses dents sont ravissantes. Elle est coiffée moderne, en l'air. Sa robe noire est simple mais de bon goût, et un bijou avec saphirs rappelle la note de son regard. Il émane d'elle une grande souffrance et le fond de ses yeux est désespéré. On sent en elle une curiosité pour toute chose et un talent pour on ne saurait quel art. Je suis un peu ahurie et agacée par l'intrusion, mais le charme opère bientôt et suis moi-même piquée au jeu par cette femme qui s'affranchit des conventions au point de m'inviter à venir passer quelques jours chez elle après la tournée. »

Le lendemain, départ pour Édimbourg.

« Long voyage en train où je chahute avec Mony et où je marche pieds nus au scandale de MM. et Mmes les sociétaires ! Vers le soir, on aperçoit une grisaille, des rochers graisseux, des gens emmitouflés : c'est le bord de mer. Les vers appropriés chantent sur les lèvres de ces gens de théâtre : 'Voici la verte Écosse !' Je pense à un roman d'existences rudes et me sens très perdue dans le Nord.

L'arrivée à Édimbourg est merveilleuse dans la lumière blafarde. On aperçoit une petite forteresse sur laquelle est inscrit quelque chose comme *Aux Galeries Lafayette* ! Un ennui à la gare : personne pour nous attendre. Quand nous sortons, il fait nuit et un épais brouillard cache toute la ville. On suit une longue avenue toute droite et, sur la gauche, une masse énorme se devine, terminée par mille toits pointus. Une faible lueur perce son halo à la proue de cette espèce de bateau. Ce doit être la ville. La belle voix de Yonnel fait : 'Que c'est beau ! Quelle grandeur ! Quel mystère !'

Moi, je me réjouis et trouve que mon entrée dans Édimbourg est très réussie. Nous sommes rompus. Un dîner nous est préparé. Pour la première fois de notre vie à tous, nous mangeons du fromage avec un assortiment d'oignons, radis, cressons. Curieux mais pas bon et nous demandons tout de suite un vrai Whisky d'Écosse. Vrai ou faux, il fut bu avec délice. Histoire de respirer l'air et de se dégourdir les jambes, nous sortons. Pour se diriger, nous avisons deux *policemen*. En arrivant sur eux, nous nous apercevons que ce sont deux géants d'au moins deux mètres chacun. L'impression est forte. Nous ne sommes pas encore habitués. Les kilts aussi sont durs à avaler. Les magasins n'ont pas l'air mal... Tout à coup, nous sommes épuisés de fatigue et rentrons nous coucher. »

Pour aller à la découverte de cette ville, Clarisse se lève de bonne heure. Au réveil, en tirant les rideaux, elle se retrouve devant une gravure ancienne.

« La citadelle, avec encore quelques lambeaux de brume. À ses pieds une colline, un beau jardin, la ville. À mes propres pieds, un cimetière accoté à une église, le tout très austère, ce qui avilie la grâce des jardins. Louise Conte ne peut regarder cette citadelle sans mourir d'ennui et de cafard. Je lui trouve un air de gloire et de mystère. »

C'est avec Mony Dalmès que Clarisse se rend au cinéma pour voir *Hollywood Canteen,* une comédie musicale de Delmer Daves.

Le lendemain, elle part seule en expédition, grimpe la colline de Calton et redescend par les jardins, attirée par chaque perspective, chaque pelouse, chaque demeure seigneuriale, dans une ville au charme extraordinaire, « qui vous déshabille de votre époque et vous donne le goût du chevaleresque et des lits à baldaquin. »

« Arrivée à l'extrême bout de la ville, je m'affale sur un banc au bord d'un petit lac, dans un jardin public. Le matin, j'avais laissé un mot à Mony : 'Je pars… Tu me retrouveras plus belle et grandie...' Notre rencontre est un éclat de rire. Je lui raconte mes beautés et ma grandeur ! »

Ensemble, elles vont déjeuner avec le député écossais rencontré à Londres à la représentation du *Barbier de Séville*. Il les emmène dans un restaurant près de *Waverley Station*, avant d'aller visiter l'Université. L'après-midi suivant, plutôt que d'aller faire du shopping avec ses camarades, son goût de l'aventure la pousse à sauter dans un car allant à Queen's Ferry, un petit port à quelques kilomètres de là.

« Des journées comme j'aime m'en procurer. Bien emmitouflée dans mon manteau, je foule les pierres recouvertes de lichen. Je prends le bateau et, de l'autre côté de la rive, assiste au travail de deux scaphandriers. Puis je me refais cingler par le vent, essaye de trouver au paysage un détail passionnant, genre monstre du Loch Ness, et me demande ce que je fais à cette heure, en ce lieu. »

Elle part à la découverte de Holyrood où une visite guidée du château de Marie Stuart s'impose.

« La rosace vierge des vitraux s'incrustant de ciel est saisissante ; les colonnes montent dans l'azur ; les portes laissent voir la campagne riante. Le conservateur nous ouvre les appartements des souverains actuels. Je n'aimerais pas y vivre. Il y a une galerie de tableaux noirs d'où émergent des nez, des mains. On ne montre presque rien de la reine. Dans un tout petit recoin de la citadelle se trouve un cimetière pour chiens, parfaitement entretenu. De là, on aperçoit le paysage jusqu'à la mer. Après la visite de Holyrood, je m'engage entre les collines pour essayer d'atteindre *Arthur's Seat*. Je me perds dans un chemin sablonneux martelé par les troupeaux de moutons qui passent alentour. À son extrémité se trouvent des rochers où des gens prennent des bains de soleil. Je prends la route et suis une espèce de corniche d'or sans mer Méditerranée. Je me croyais à des heures de la ville et me voilà déjà arrivée. »

Le 16 juillet, une dernière représentation est donnée à Édimbourg.

« Le dernier soir, j'ai attendu la fin du spectacle dans la salle. La seule place vacante se trouvait à côté d'un jeune officier, intrigué par cette jeune fille qu'il revoit sur scène, peu après sa disparition. Comme d'habitude, cérémonie d'adieu au théâtre. On sent à un moment donné que la salle est prête à chanter notre hymne national. Nous avons du reste senti une réelle différence dans l'accueil écossais. Peut-être parce que c'était la province. »

Le jeune officier vient les retrouver dans le *lounge* de l'hôtel. À la demande de Clarisse, Pierre Dux l'invite à prendre le café.

« Il croit rêver ! Tout balbutiant, il explique qu'il s'ennuie tellement dans son régiment qu'il a fait le voyage exprès pour venir applaudir les Français. C'est une soirée extraordinaire pour lui et certainement une des grandes aventures de sa vie. »

Le lendemain, au train qui emmène la troupe à Glasgow, il vient lui faire ses adieux et lui serre les mains, l'œil humide.

« En attendant l'heure du départ, nous sommes une petite bande et, en rond, nous chantons les refrains de notre terre, le soprano, Mister Desailly, surmontant la basse, Mister Dacqmine, le tout conduit par André Jolivet, comme de bien entendu. Il fait beau, nous avons le cœur en fête. »

Denis, un jeune officier de la marine britannique, leur apprend de vieilles chansons anglaises, écossaises et irlandaises. Le train file sur *Parlez-moi d'amour* et *Loch Lomond*, puis Jean Desailly entame des mélopées reprises en chœur.

« Je perçus alors que, sur ces mots populaires, chacun collait l'image de sa chacune, et que toute âme a, dans son cœur, la chaleur d'un être cher. »

« Souvenirs de la visite de la Comédie-Française à Glasgow »

Invités à un déjeuner franco-écossais, les Comédiens-Français se mettent sur leur trente-etun. Clarisse, placée à côté du préfet de police, fait sensation.

> « Cette plaisanterie a tourné à notre avantage car les Glasgow...ois, qui ont eu l'honneur d'assister à cette réunion, étaient muets d'étonnement. Ils transmettront pour trois générations leur admiration pour le goût, l'éclat et le génie de la Femme Française… »

Invitée à prendre le thé au Club franco-écossais, Clarisse s'y rend avec Denis, puis termine la soirée avec Mony après avoir été voir *L'Horloge*, le dernier film de Vincente Minelli.

Malgré ces bons moments, Clarisse ne garde de Glasgow que le souvenir d'une ville besogneuse qui ferme les portes à toute émotion.

Alors que la tournée touche à sa fin, Clarisse se désole de devoir repartir en France. Il est vrai que, descendant d'une longue lignée anglaise et écossaise, elle a envie de retrouver ses origines.

Son aïeul Anselm of Sheldon, Lord of Machitone, après avoir été décoré de l'Ordre de la Jarretière par le roi Édouard III pour avoir servi le Royaume d'Angleterre au XIVe siècle, prend pour devise *Optimum Pati* désormais inscrite sur le blason familial.

En 1533, la famille Sheldon acquiert des mines de charbon. Pendant la majeure partie du XVIIe siècle, leurs descendants continuent à les exploiter et vivent également de fermages sur leur domaine de Coleorton.

Quant à Ralph Sheldon, en décorant son salon avec des cartes géographiques brodées, il introduit au XVIᵉ siècle l'art de la tapisserie anglaise.

C'est ainsi qu'en se mariant avec Elizabeth Emma Sheldon, Charles Antoine Deudon, l'arrière-grand-père de Clarisse qui fait partie des gardes du corps de Louis XVIII, peut démissionner pour se consacrer aux affaires de sa femme.

Bien décidée à rester en Angleterre, Clarisse avise une Française qui la présente à Lady Anderson, une dame qui connaît peut-être une famille d'accueil.

> « La guerre nous a beaucoup fatigués, explique-t-elle. Il nous est impossible d'offrir l'hospitalité, mais si vous voulez aider à quelque chose, vous aurez le choix. Demandez à vous occuper d'enfants, c'est le mieux. »

L'idée de rester un mois de plus en apprenant l'anglais, son souhait le plus cher, l'enchante. N'avait-elle pas suffisamment protesté dans sa jeunesse de ne pouvoir passer ses vacances en Angleterre ? « C'est du dernier chic », pensait-elle à l'époque. Or son père n'avait jamais accepté de la laisser partir seule à l'étranger.

De retour à Londres avec la troupe qui rentre en France, Clarisse leur annonce qu'elle reste plus longtemps et leur fait ses adieux, un pincement au cœur. Rapidement, elle obtient un rendez-vous avec la comtesse d'Onslow en se faisant passer pour une simple touriste. L'entretien se passe au mieux. Elle est engagée.

Parachutée à Clandon en pleine campagne, Clarisse s'émerveille de cette nature verdoyante qui l'entoure.

« Après avoir couché les enfants, je file au bord du lac. Je m'étends dans le foin et j'attends le coucher de soleil. Je me laisse envahir par l'harmonie du paysage, de l'heure, de la lumière, et mes yeux sont perdus dans les nuages colorés où s'envolent les volutes de ma cigarette. Le lac est bordé de fleurs orange, de roseaux, d'arbres gigantesques. Un petit pont de bois le traverse. Un cygne y traîne sa solitude. Entre deux saules pleureurs, au détour du chemin, apparaît une sorte de temple rond où une statue joue de la flûte de Pan à l'abri de nombreuses averses.

Je pense au poème de Paul Valéry : *Tu vois ce petit temple. J'y ai mis le souvenir d'un clair jour de ma vie.* »

À la fin de la semaine, Clarisse décide d'aller révéler sa véritable identité à la comtesse. Dans le parc, elle rencontre Blakiston, le conservateur du château, et lui demande ce que pensera Lady Onslow en

94

apprenant qu'elle fait partie de la Comédie-Française.

« Elle devrait en être enchantée, elle qui a toujours voulu faire du théâtre, lui répond-il. Moi aussi, je dois vous avouer un secret : je vous ai vu dans *Phèdre*, à Londres. »

Clarisse rit de bon cœur et s'en va trouver la comtesse.

« *It's marvellous* ! s'exclame-t-elle. Sachez que vous êtes la seule femme que j'ai engagée sans *enquiries*. Seulement sur votre bonne mine. »

Quelque temps plus tard, Clarisse est chargée d'emmener les enfants dans leur résidence secondaire, à Mentmore, où la vie est paisible. Les seules nouvelles du monde qui lui parviennent, proviennent de Blakiston.
C'est lui qui vient informer à la famille d'un air flegmatique que les Américains ont inventé une bombe qui a détruit le Japon et, neuf jours plus tard, que les Japonais ont capitulé.

Tout le pays est en fête : des jeux sont organisés dans les villages, les filles se font belles, les femmes portent des bonnets en papier tricolore et des drapeaux aux armes de l'Angleterre sont suspendus en banderole dans les rues.

« Cela semble extraordinaire, bien qu'attendu, écrit Clarisse. *War is over,* a annoncé sa Majesté le Roi. Rarement une phrase a été aussi nue dans sa vérité. »

En allant visiter une maison voisine, elle découvre avec surprise des statues de l'Abbaye de Westminster et de la cathédrale St Paul cachées dans les écuries. Émerveillée, elle admire ces œuvres du patrimoine ecclésiastique mises, à bon escient, à l'abri des pilleurs.

En rentrant, elle repense à Mrs Gage dont elle n'a pas de nouvelles et l'appelle. L'Américaine, qui se sent bien seule sans son mari, l'invite à passer quelques jours chez elle, à Rake Manor.

« Jour de bonheur ! Au manoir, j'ai trouvé l'amour et ce qui est aimé. Chaque objet est choisi pour sa plus grande beauté, pour le plaisir des yeux, pour l'harmonie de l'existence. Pour finalement bien terminer sa journée, ce jardin fleuri, ces rires, ces gens beaux, bons, accueillants, cette fraîcheur des enfants et la vieillesse des boiseries. Tout cela m'étouffe littéralement et je m'y laisse vivre. Chaque chose est d'art. »

Le moment de rentrer en France approche. Accueillie chez des amis de Munch, Clarisse peut passer la fin de son séjour à Londres.

« Je vais habiter une vraie maison anglaise avec colonnes et baie donnant sur Barkston Gardens. Une dame d'un certain âge me conduit à ma chambre dotée de trois fenêtres.

À peine ais-je énoncé que je me trouvais un peu fatiguée, que je suis étendue sur le divan, enfouie sous les couvertures, ensevelie dans les oreillers, gavée d'un tas de sucreries accompagnées d'une tasse de thé. Monsieur entre enfin. Jeune, costume gris à raies, blond, affable. Toutes les attentions qu'ont ces deux êtres pour moi, je ne pourrais jamais m'en souvenir sans émotion. »

En retournant chercher ses malles à Clandon, elle y trouve un télégramme l'informant que la tournée en Belgique est avancée. Elle doit écourter son séjour. Lady Onslow la dépose à la gare où elles se font leurs adieux.

« Je la regarde s'éloigner. Avant de disparaître, elle m'envoie de sa longue main un baiser. Le coup m'arrive, je dois m'appuyer au chambranle de la porte. Avant que j'aie pu répondre, la voiture est loin. Il ne m'en fallait pas plus pour pleurer. C'est une chose que je trouve encore merveilleuse et qui exprimera la qualité de ce que j'aurai reçu de l'Angleterre : rien de gai ou débordant, mais quelque chose de profond et qui marque. »

Le prochain bateau pour la France ne partant pas avant trois jours, Clarisse passe ses soirées au New Theater, où l'un de ses amis joue avec Laurence Olivier. Dans la journée, Munch lui sert de guide.

« Ice-cream et concert délicieux à la *National Gallery*. Goya et Schumann réunis dans la même assiette. Holbein est une petite perle de la vie qu'il est bon de s'offrir de temps en temps. Beauté de la langue allemande dans les amours poètes ! J'y passe le plus clair de mon temps. Hampton Court, qui longe les bords ravissants de la Tamise, nous enchante. Même architecture qu'à Clandon : briques rouges, toits plats, immenses bassins, parterres fleuris et entretenus à l'anglaise. Mais il fait toujours si froid que l'âme n'est jamais entièrement disposée à l'émotion. »

Le jour du départ, son billet en poche, Clarisse embarque pour la France.

« Je regrette de partir et j'ai hâte d'arriver. J'ai une frousse atroce pour la douane. L'employé, juste-celui-qu'il-faut-éviter, me demande de traduire ce qu'il y a sur mon passeport. 'Comédie-Française', avoue-je humblement. Son visage s'épanouit. Pan, pan ! Un coup de croix et embarquée. La conscience tout à coup sereine, j'achète à travers les grilles des raisins dorés que vont chercher des enfants affreusement sales. Beau temps sur mer.

À Dieppe, un officier se met à vociférer contre l'organisation et la priorité des militaires. 'Finie la guerre !' lui fais-je. Il me regarde interloqué. S'ensuit une grande conversation mêlée de mots grossiers, de courtoisie négligée, mais très spirituelle. Bref, toute la France.

Un accordéon fredonne dans les rues du port. On reparle français et on regarde les Anglais se dépatouiller. Dans un train, le chef de cuisine du Savoy, ayant entendu mon titre, vient me serrer la main sous prétexte qu'il a servi Mounet-Sully ou Sarah Bernhardt. Dans le compartiment à côté, on entend des hommes échanger les adresses des meilleurs restaurants, et deux femmes parler du dernier modèle de chez Lanvin. C'est la France. La France. Enfin ! »

De retour à Paris, Clarisse se remémore ce séjour comme une aventure, un appel vibrant à l'inconnu, qui lui a permis d'éprouver ses forces et ses faiblesses.

Elle retrouve la troupe du Théâtre-Français avec la reprise des répétitions de *L'Impromptu de Versailles*, programmé les 17 et 23 septembre.

Dans cette comédie, Molière, à la fois auteur, directeur de la troupe et acteur, dirige la répétition d'une de ses pièces qui doit être jouée devant le roi. Clarisse y incarne Mlle Hervé, la servante précieuse.

Clarisse Deudon interprétant Mlle Hervé

Elle enchaîne avec *Phèdre* et le *Soulier de satin*. Le temps n'est plus à la nostalgie d'un été riche en événements et elle se replonge dans les rôles de Panope, de la Lune et de la Négresse Jobarbara. Le 26 septembre, la troupe du *Soulier de satin* se rend à Bruxelles pour jouer la pièce que les Belges ont hâte de découvrir au Théâtre de la Momene.

« Quand on voyage, on se trouve soudain au cœur même d'une vie totalement différente de la nôtre, qui n'est qu'une continuité pour le natif et qu'il faut s'efforcer d'ingurgiter dans la plus grande quantité possible. Or Bruxelles vous offre purement et simplement l'ambiance de l'avant-guerre bénie. Des rues grouillantes, des boutiques regorgeant d'articles, des musées en masse, une architecture particulière qui attire toujours plus. Des repas succulents, des douzaines de roses envoyées par un bel inconnu, des œuvres d'art, une culture vraiment typique et flamande, et là-dessus une admiration si sincère pour tout ce qui est français qu'il n'y a plus aucun mérite à l'être. Ces deux jours m'ont permis d'y nouer de réelles amitiés et d'apprécier le peuple belge. »

Un mois plus tard, elle revient sur la scène de la Comédie-Française avec Panope, jouée deux autres fois en novembre. Parallèlement, elle répète Annette dans *Poil de Carotte* de Jules Renard. La première a lieu le 29 novembre, avec Louis Seigner et Louise Conte.

Trois autres représentations vont suivre, en alternance avec *Antoine et Cléopâtre*, et *Phèdre*, le 21 décembre, avec son amie Mony Dalmès. Ce même jour en matinée, la Comédie-Française rend hommage à Racine. Mis en scène par Jean-Louis Barrault, le spectacle est une suite de textes choisis et Clarisse interprète une scène *d'Athalie* de Racine.

Le lendemain, elle fait partie de la matinée poétique *La poésie, compagne de l'homme,* sur le thème de la nature, et récite l'*Hymne à la Nuit* d'André Chenier. Trois jours avant la fin de l'année, l'administrateur lui notifie que son contrat se terminera à la fin du trimestre suivant.

Clarisse accuse le coup, bien décidée à vivre les dernières semaines chez Molière avec autant de passion qu'à ses débuts.

V

L'Odéon

Le théâtre n'est pas le pays du réel, c'est le pays du vrai
Victor Hugo

La lettre de licenciement de Clarisse s'explique par le plan de réforme des statuts de la Comédie-Française qui s'efforce de réduire les dangers encourus par la concurrence du cinéma.

Un autre décret accorde à la Comédie-Française l'exploitation du Théâtre de l'Odéon, aussi appelée « salle Luxembourg ». Cette décision provoque le départ d'un certain nombre de sociétaires. En plus de ces désertions, une trentaine de comédiens sont congédiés afin de réduire la troupe au minimum.

L'arrivée de Claude Nollier dans la troupe lui remonte le moral. Claude a deux ans de plus que Clarisse, et la prend sous son aile. Elles sont inséparables.
Claude admire la femme libre qui croque la vie à pleines dents, Clarisse aime la forte personnalité de Claude, ainsi que sa voix chaude et puissante qui lui a permis de percer au théâtre après des débuts au cinéma.

Clarisse Deudon et Claude Nollier

ANNÉE 1946

Dès le 2 janvier, Clarisse reprend ses rôles attitrés comme Charmion, Annette, Mlle Hervé, Panope, et fait une apparition dans *Tartuffe* qui remplace une représentation annulée d'*Antoine et Cléopâtre*.
À cela s'ajoute une matinée poétique le 12 janvier dans laquelle elle récite un poème de Paul Verlaine, *Écoutez la Chanson bien douce*.

Alors qu'il monte à nouveau *Esther*, Georges Le Roy souhaite que son ancienne élève soit à ses côtés et lui donne cette fois-ci le rôle d'Élise, la confidente d'Esther.

Sachant qu'il s'agit de sa dernière prestation à la Comédie-Française, Clarisse se réjouit d'être aussi souvent sur scène auprès de son Maître.

Clarisse Deudon (Élise), l'écrivain Philippe Soupault
et Jean-Louis Barrault à la Comédie-Française

À la fin du mois de mars 1946, alors que Clarisse se prépare à quitter la Comédie-Française, l'administrateur l'informe que son contrat est prolongé jusqu'à la relâche estivale, une décision permettant d'éviter de réorganiser les distributions déjà programmées et de lui laisser terminer la saison.

Elle remonte sur scène pour *Phèdre, Poil de Carotte, Esther, L'impromptu de Versailles,* et se voit également attribuer le rôle de Mme de Léry dans *Un Caprice* d'Alfred de Musset, qu'elle va jouer avec Mony Dalmès et Maurice Escande.

Lors de la matinée poétique du 1ᵉʳ juin, *La poésie, compagne de l'Homme*, donnée en l'honneur de Racine, Clarisse doit interpréter *Sur le bonheur des justes*, un poème tiré des *Cantiques spirituels*.

Clarisse termine le mois de juin en jouant *Esther*, *L'Impromptu de Versailles* et *Poil de Carotte*.

Elle participe également à La Nuit foraine, le 21 juin au Théâtre des Champs-Élysées, tout en répétant le rôle d'Aglante dans *La Princesse d'Élide*, programmée les 2 et 7 juillet.

Cette pièce de Molière est, comme il l'écrit lui-même : « Une comédie galante mêlée de musique et d'entrées de ballet par la Troupe de Monsieur, frère unique du Roi. »

Les représentations à la Comédie-Française sont précédées *d'Esther* et Clarisse doit enchaîner les deux pièces dans la même soirée.

Après avoir donné la dernière représentation de la saison, Clarisse reçoit une lettre de l'administration lui annonçant le renouvellement de son engagement en qualité de pensionnaire.

Le cœur léger, Clarisse s'accorde un mois de vacances bien méritées. Malheureusement, elle ne peut plus compter sur la présence de Jacqueline qui vient de se fiancer.

« Avant, Clarisse passait toutes ses vacances avec Jacqueline, témoigne Claude Nollier. Ensuite, elle les a passées avec moi. J'ai toujours constaté qu'elle savait rebondir quels que soient les événements auxquels elle était confrontée. Elle savait prendre la vie à pleine main. »

Dès son retour à Paris, Clarisse commence les répétitions de *Poil de Carotte* et enchaîne avec les représentations de *L'impromptu de Versailles*, d'*Esther*, suivie de *La Princesse d'Élide* et d'*Un Caprice*.

Au mois de décembre, elle joue la Fée dans *Arlequin Poli par l'Amour*, de Marivaux. Clarisse porte une robe de marquise à manches longues et à col montant fermé par une collerette en dentelle.

Une traîne part de ses épaules pour recouvrir l'arrière de sa robe. Un double sautoir, un petit chapeau et une mouche sur la joue complète sa panoplie.

Georges Cusin et Clarisse Deudon (Arlequin poli par l'amour)

Cette pièce est jouée en alternance avec *Le Lever du Soleil*, une pièce de Madame Simone et François Porché. La première de cette création a lieu le 20 décembre au Théâtre de l'Odéon. Clarisse interprète Laure Martinozi et partage la scène avec ses amies Mony Dalmès et Claude Nollier.

Cette salle italienne or et rouge, dotée de 800 places, a été rénovée après l'incendie de 1818. Une partie de la façade laisse volontairement en évidence des éclats d'obus, en souvenir de la Libération. Clarisse y joue les sept représentations prévues jusqu'en fin d'année.

Fin décembre, un courrier de l'administrateur général, André Obey, l'informe que son contrat ne sera pas renouvelé.

ANNÉE 1947

Tout comme l'année précédente, Clarisse se résigne à devoir quitter « le Français ». Avec seize représentations d'*Arlequin Poli par l'Amour* données au mois de janvier et février à la salle Richelieu et vingt-trois du *Lever du Soleil* à l'Odéon, Clarisse profite des bons moments qu'elle passe sur scène.

Au printemps, en plus des quinze représentations du *Lever du Soleil*, elle fait partie d'une matinée poétique à l'Odéon intitulée *Autour de Pelleas et Mélisande*.

De son côté, Marie Bell, qui a créé sa propre compagnie l'année précédente, monte *Le Soulier de satin* avec la collaboration de Jean-Louis Barrault et de Jean-Louis Vaudoyer, membre du comité d'honneur.

Pour le plus grand bonheur de Paul Claudel, elle joue le rôle de Dona Prouhèze et engage Clarisse pour la Lune et la Négresse Jobarbara.

Six semaines avant son départ du *Français*, Clarisse fait la connaissance du nouvel administrateur, Pierre-Aimé Touchard. Cet ancien inspecteur principal des spectacles à la direction générale des Arts et des Lettres, quotidiennement tenu au courant de la crise que traverse la Comédie-Française, est le mieux placé pour reprendre les rênes après la démission d'André Obey.

Il lui remet son certificat de bons et loyaux services et lui laisse entendre que la porte de la Comédie-Française n'est jamais définitivement fermée derrière un membre de la troupe.

Clarisse repart confiante. Libre de toute obligation, elle se prépare à rendre visite à son frère hospitalisé en lui apportant les esquisses qu'elle a dessinées tout spécialement pour lui.

Boo-Hoo du Grand Nord

CD

VI

L'entracte

Ce qu'il y a de plus difficile à réussir dans une pièce,
c'est l'entracte - Sacha Guitry

De retour de vacances, Clarisse rejoint la Compagnie Marie Bell pour la prochaine tournée qui commence le 24 septembre à Lyon avec *Phèdre,* suivie d'une représentation à Lausanne.

Cette tournée, dans laquelle elle retrouve ses anciens partenaires de la Comédie-Française, la tient occupée tout l'automne. Comme à chaque voyage, elle visite les villes où passe la troupe.

Cette coutume lui permet de découvrir des endroits magnifiques et des gens chaleureux, épris d'œuvres classiques, ou simplement venus à la rencontre des acteurs.

Elle rentre à temps pour le mariage de ses amis Jacqueline et Georges, prévu en fin d'année. Tout aussi bouleversée par le bonheur de son amie que par le changement que cela va engendrer dans leur relation, Clarisse lui exprime ses sentiments dans une lettre éloquente.

« Amie très chère... Et madame ! Je veux essayer de te dire ici tout ce que je ne pourrai t'exprimer demain au milieu de cette solennelle parade. Les mots vont être conventionnels, mais accepte-les et remplis-les de mon émotion ici présente.

Je veux que tu partes pour un grand bonheur, pour une vie pleine, fructueuse et qui épanouira en toi toute cette somme magnifique de dons que tu possèdes déjà. Je veux que tu étincelles dans un équilibre parfait, dans une union vivante.

Je te perds, ma petite camarade des jours passés, des vacances, des Noëls, des dimanches à toutes les deux, et tout le monde te perd, jeune fille aux yeux candides qui attendait la vie. Mais aujourd'hui tu l'as gagnée et nous te retrouvons encore plus savoureuse ! J'ai perdu une compagne et je retrouve deux amis que j'aime très profondément, très sincèrement.

Partage avec Georges tous mes vœux, tous mes souhaits et, si j'y suis un tant soit peu pour quelque chose, que Dieu m'entende dans les prières que je fais pour vous.

Je t'embrasse très fort. Sois calme, confiante et belle. Ta Clarisse. »

Calme, confiante et belle, c'est exactement l'état d'esprit dans lequel se trouve Clarisse en cette fin d'année. De la liberté qui lui a été rendue en quittant la Comédie-Française, elle choisit de faire bon usage. L'occasion ne tarde pas à se présenter.

ANNÉE 1948

Du 19 au 22 mars, Clarisse joue dans *Tovaritch* aux côtés d'Elvire Popesco.

Clarisse Deudon, Marcelle Praince, Yvonne Leduc et Paul Amiot (décor de Tovaritch)

Le spectacle est donné à guichets fermés au Théâtre de la Madeleine. La troupe part ensuite en tournée à Genève avant de revenir jouer au Théâtre de la Comédie et au Théâtre Sarah Bernhardt.

Lorsque le théâtre fait relâche durant l'été, Clarisse rejoint Claude Nollier chez Paul Géraldy qui lui fait répéter sa nouvelle pièce.

« Départ précipité de Paris, note Clarisse dans son journal de bord. Chaud soleil à Saint-Raphaël. Personne ne m'attend. Je saute dans un car qui m'arrête devant le chemin de Géraldy. Joie d'entendre ce nom : Beauvallon. Première bouffée de parfum. Les gardiens m'accueillent. 'C'est Mlle Claude ?' 'Non, c'est Mlle Clarisse.' Je bondis le cœur battant dans la villa. »

La gouvernante lui souhaite la bienvenue à La Colline. « Attendez là. Monsieur Géraldy se repose. »
Âgé de 63 ans, l'écrivain vient de terminer *Vestiges*, son dernier recueil de poésie. Il accueille son invitée chaleureusement en l'informant qu'il lui a réservé une chambre dans un hôtel face au Golfe de Saint-Tropez. En attendant l'arrivée de Claude, ils prennent le temps de discuter de choses et d'autres, mais surtout sur les rapports entre les hommes et les femmes, sujet de prédilection du dramaturge. Il lui parle de ses grandes théories avec pessimisme. « Ah !… le sexe ! » conclut-il d'un air maussade, tout en reconnaissant que ses insomnies le rendent grincheux.

« Le lendemain, il me lit un télégramme provenant de New York : Géraldine Fritzgerald veut jouer *Aimer*. Dans sa fièvre physique de ce matin, il a fait une trouvaille pour son *Homme de Joie*. Tirade sur le charme, l'air narquois, comique, gouailleur. Il me lit le dialogue du premier acte. Il dit que les moments de bon travail sont rares et qu'il faut être prêt à les capter.

Je m'installe avec un livre sur la chaise longue. Il est debout et me raconte l'ébauche de sa nouvelle pièce : réunir une aventure amoureuse complète en un acte, la terminer par une apothéose de reconnaissance et de joie. Atmosphère irréelle d'un bal masqué. Il dit que c'est très difficile. Il court me chercher *Les Contemplations* de Victor Hugo où il a pris l'idée : 'Vous qui passez dans l'ombre, êtes-vous des amants ?' Instant délicieux, élevé. »

Tandis que son amie répète *Aimer* avec Géraldy, Clarisse se rend le plus souvent à la plage et passe des heures à nager le crawl dans l'eau limpide de la Méditerranée.

« Je préserve mes épaules d'une serviette et marche jusqu'au fond du golfe. Large ouverture de l'horizon. Je m'affale sur la plage déserte de Beauvallon, complètement nue. C'est une grande jouissance. Plus de barrière entre l'air et moi. Ma main joue avec le sable blanc. C'est merveilleux. »

Durant son séjour, il lui arrive de croiser l'écrivain dans son jardin, ou dans les chemins avoisinants lorsqu'il prend le temps de se promener. Ils échangent alors quelques mots. Parfois, ils se retrouvent dans les réceptions données en son honneur, avec sa compagne Antoinette. Toujours disponible lorsque Géraldy travaille, elle est la personne idéale avec qui aller se baigner.

« J'aime beaucoup sa compagnie, écrit Clarisse. On bavarde en nageant. L'autre jour, elle m'a demandé de monter avec elle à Grimaud. On est parti dans sa voiture qui n'a pas de banquette arrière et qui fait un potin terrible. Elle conduit pieds nus, en regardant tout sauf la route. Elle m'a présentée à une de ses amies, une jeune femme sympathique, coiffée à la garçonne, avec une certaine vigueur et un beau sourire très vivant.

En rentrant, on croise Géraldy sur les marches de l'escalier, nous attendant pour le déjeuner. Il est blanc, nerveux les traits tirés et creusés. Claude est très fatiguée, pâle et de mauvais poil. Elle a une foulure au poignet.

Nous accompagnons Géraldy à Guerrevieille. Ravissante promenade. On traverse des torrents secs. Paul récite des vers de Musset et de Ruy Blas. Il veut que je lui donne des tuyaux sur la vie dans les coulisses.

Le soir, chez nos amis communs, il est arrivé avec Antoinette, une grande écharpe autour du cou et du corps. Très Géraldy !

Ils me trouvent saine, ouverte, sans complexes ! 'Tu ressembles à Cerès', m'a dit un des invités sous le regard à la fois ulcéré et ironique de Géraldy. »

Côté littérature, la bibliothèque de Géraldy ne manque pas d'ouvrages et Clarisse profite de son oisiveté pour se plonger dedans, toujours à la recherche de textes qui la feront frémir ou la transporteront dans l'imaginaire des auteurs à l'inspiration créatrice.

Elle ne refuse aucune invitation, mais se remet de ses soirées mondaines en allant s'imprégner des bienfaits de la nature qui la ressource.

C'est le seul endroit où elle peut encore être elle-même. Elle n'y joue aucun rôle et ne s'impose aucune contrainte, indifférente à ceux qui lui reprochent de ne pas faire son métier en fuyant la foule. Ses descriptions poétiques des moments où elle communique avec la nature en témoignent.

« Il fait une nuit splendide. Par la fenêtre apparaît, entre les trous des pins, une tache étincelante. La pleine lune brille et s'étale sur la mer blanche, d'un calme extraordinaire. Tout est clair, serein, dans la nuit chaude. Je reçois ce calme, cette béatitude.

Je pars dans la colline, toute verdoyante, épineuse, pierreuse, parsemée de villas. Sur cette petite esplanade poussent trois figuiers maigres, assoiffés. J'aperçois la mer d'un gris bleuté avec de grandes lames de lumière. De temps à autre, un ourlet lumineux précise le bord de l'eau. Tout s'y reflète. Ravissante promenade.

Même quand il pleut, tout est ravissant. Chaque aiguille porte une goutte à sa pointe. Les

117

mimosas sont argentés de pluie. Je rentre par la plage et fais une longue station sous un pin. Les couchers de soleil sont extraordinaires. Le ciel s'enflamme, l'or surgit de la montagne, les images prennent différents tours. Il y a du vert émeraude, du bleu intense, du rose, du violet. La mer est bleu marine, violette. Je m'y baigne et nage dans la coulée d'or que fait la lumière sur la mer. Tout est clair, exalté, dilué.

Je me sens étendue jusqu'aux rives. Je fais partie de la fin du jour. Cette nature change continuellement et l'esprit qui s'occupe à la suivre est saturé. Il n'a plus de vacances pour d'autres occupations. Je vis pour moi. En sauvage ! Je ne suis pas venue voir les gens mais la mer, les arbres, le sable, la chaleur que je ne retrouverai plus pendant de long mois.

L'autre jour, j'ai suivi Jean, l'ami de Claude, avec deux amis. Ils partaient se baigner. On découvre 'notre plage' : une petite crique devant un talus où dorment de grosses racines d'arbres blanches, torturées, prenant mille formes humaines et suggestives. L'eau est très bleue, agitée. Il y a un bon vent qui nous assoiffe, tout en atténuant la chaleur. Nos peaux rougissent. On prend le soleil de tous côtés. Nous lisons. C'est le plein midi. Tout est appesanti, exalté, transposé dans une féerie du feu. Pique-nique sur la plage. On déjeune de sandwiches et d'oranges.

Nous rejoignons nos bicyclettes sous l'ombre d'un pin. La végétation est épineuse, ardente. Les grillons crissent près de nos oreilles.

Tout à coup, une détonation terrible. C'est une mine qui a sauté près de la petite maison rose au bout de la plage. Moment d'angoisse. Les éclats sont arrivés jusqu'à nous.

Accident ou volonté ? Il y en aura une autre plus faible. Nous rentrons. »

Non loin de *La Colline*, Clarisse a découvert l'existence d'une exploitation agricole où elle est toujours accueillie comme une reine.

« Je monte à notre petite ferme chercher des pêches et une poule. J'ai mon foulard rouge. Très napolitaine. Seules mes jambes sont nues. Elles sont mouillées des herbes et des buissons. Chaleur. Ma peau résiste, mes jambes pédalent. Je vis ! Mme Martin me reconnaît à ma voix. Je la retrouve avec plaisir.

Bâtiment frais, sentant l'ail, d'une propreté inouïe, volets fermés. De beaux oignons sèchent, tressés en couronne. Le puits, le tilleul, les acacias, la belle campagne, les vignes, les bêtes et le chien Cyrano. Elle nous fait goûter les premières figues. Elle a un bol rempli d'œufs tout chauds du nid.

On part dans les champs. Elle a noué un chapeau de paille. Je cueille la verveine. Le père, 83 ans, casse le bois à grandes cognées.

Arbres croulants de fruits chauds, énormes, jaunes, orange et rouges. Elle reconnaît les mûrs à la transparence.

Elle demande l'aide de mon bras pour les atteindre. Ce sont de vrais fruits encore pleins de vie, non souillés par la poussière du train ou la main du marchand. Ils sont purs.

Elle me fait goûter un raisin de Hambourg encore acide. La vigne a été malade. Les raisins ne seront pas beaux. Il y a quelque temps, les vignes étaient rouges. Le jus coule du raisin, la pulpe crève.

J'apprends qu'un ouvrier se paye 500 à 600 francs par jour nourri et logé. Un tracteur se loue 1 200 francs l'heure, un hectare de vigne revient à 250 000 francs.

La meule de foin est bien rangée. Des cordes se tendent entre de grosses racines séchées pour le maintenir contre le vent. Elle me donne de l'ail, de la sauge, du laurier que je renifle. Je repars avec une recette de sauge trempée dans l'huile et le vinaigre. »

Dans cette région où elle a grandi, Clarisse a toujours l'occasion de rencontrer des connaissances. Elle se rend à Sainte-Maxime chez les Montrichard, ses amis parisiens qui reçoivent souvent du monde.

Les relations authentiques sont à la base même de ses centres d'intérêt. Clarisse aime rencontrer les belles âmes. Elle en découvre une en la personne de Louska, une chanteuse d'opérette. Elle apprécie cette femme impulsive qui s'élève au spectacle de la nature. Louska lui parle de sa technique et surtout de l'amour, partageant avec elle des figues et du rosé.

Un soir, elle propose une sortie à Saint-Tropez, ce petit port de pêche au charme d'antan malgré la foule qui s'y presse.

« Nous nous préparons. Jean supervise le mouvement des trois grâces avec désinvolture et patience. Nous cherchons nos effets. Jean conseille. Je suis debout près de lui. 'Tu as l'air d'une statue. C'est toi qu'on devrait inaugurer', me dit-il Une fois prêtes, on suggère une tasse de thé-dînette et on file. J'ai mon pull noir sur ma robe bise. Un foulard jaune en diadème. Ça va ! Saint-Tropez est en fête. C'est la St Pierre, le patron des pêcheurs. *La Ponche,* le restaurant niché sur une ravissante petite place, est grouillante. Beaucoup de monde aussi à *L'Escale.* On décide que Jean ne s'assoirait pas. Il nous fait danser tour à tour. Claude est fantastique, incarnant plusieurs personnalités à la fois. Notre entrée a fait sensation.

Sur le port, on voit les lampions s'allumer sur les barques. Les filles en costume du pays : bonnet de fin limon, jupe épaisse en coton molletonné, petit fichu de limon sur les épaules, bien échancré sur la poitrine. Les hommes en toile blanche, une large ceinture de laine rouge ou noire.

Bar de la Ponche (aquarelle de Dany)

À *La Ponche*, les gens du pays et les estivants sont sur les murs, les marches, les toits ou assis sur la plage. Un organisateur local annonce les barques et réclame le silence. Bientôt elles arrivent.

Sortant de la grosse tour, on voit un défilé de lanternes rouges. Elles sont en file, bien alignées. Il fait noir. Il y a un grand silence, puis un faible chant arrive qui s'accroche, suivi d'un solo d'homme dans la nuit, sur la mer. C'est très émouvant. Les chœurs répondent. La cloche de l'horloge tinte l'heure, on allume des feux de Bengale. Les barques sont venues se ranger en cercle dans la petite crique. On amarre la grosse barque où se tiennent chanteurs, flûtes et tambourins.

Le feu d'artifice commence. Il y a un tourniquet qui envoie une pluie d'étincelles autour de lui. Trois boules jaunes tournent ensemble à toute vitesse. « *Vé* ! le lion », dit un gosse. Le bateau appelle les marins par une trompette ; ils courent en poussant de longs sifflets. Pour finir, dîner au Muscardines, délicieux, chic, sympathique. Glace à *L'Escale*. Nous rentrons, épuisés mais heureux.

Le lendemain, nous montons à pied dans les vieilles rues ravissantes de Grimaud. Le jardin que nous visitons jusqu'au fin fond est ravissant. Plantes grasses, orangers, plantes exotiques, dallage. Impeccablement tenu. Arrosé de frais. En bas, une campagne avec des vignes, un bœuf, des fermiers, des figues. On se repose sous une véranda en buvant du vin d'orange. On passe à table.

M. Lauer se déride, nous parle de l'ancien temps et de ses randonnées avec Jean Renoir. Pendant l'apéritif, je reste assise sans mot dire devant un ciel doré et vert, brillant entre des cyprès noirs. Nous avons du potage, du melon, un canard aux olives, des haricots au beurre, du gruyère, des fruits.

Le café est servi dans un renfoncement d'une grande terrasse formant une petite pièce charmante, ouverte en plein ciel avec un beau tapis bleu et un petit *Renoir* tout bleu, plein de poésie, de sensualité, de tons délicats. »

Le jour d'un gala organisé par les Nations-Unies au profit de l'enfance, Clarisse profite de la plage avant l'heure du déjeuner. Le groom de l'hôtel vient l'informer que Robert Manuel l'attend pour l'ouverture d'un match de foot en début d'après-midi. Clarisse refuse, prétextant qu'elle ne sera jamais prête et qu'elle est là incognito.

« Peu après, Robert vient en personne me supplier d'y assister. Je cède. Je m'énerve en m'habillant, déchire ma jolie robe bise et finalement me mets en short. Nous partons avec le compositeur Marcel Sablon.

Le match est à Cogolin. Petit carré de champ où des joueurs s'entraînent. Beaux gars bronzés. Chaleur torride. On me présente à des Niçois. On me dit de suivre l'arbitre sur le terrain. J'ai le trac. On met le ballon dans un trou blanc. Je donne mon coup de pied. Il est minable. Le ballon roule sur quelques centimètres. J'entends les applaudissements. J'ai peine à réaliser. Je ne connais rien de plus drôle. Une autre personnalité donne un bon coup de pied. On applaudit. Le match commence.

C'est mon premier match. Je me fais tout expliquer. Le goal, le corner et surtout leur métier. Les professionnels gagnent vingt à trente-cinq mille francs par mois, s'entraînent trois ou quatre jours par semaine. Leur valeur augmente selon leur mérite. Un club 'achète' un joueur. Il peut valoir trois ou quatre millions. Quand il signe, il a une prime de trois-cents-cinquante mille francs. À trente ans, le métier est fini. Ils se retirent, prennent un bistro ou un magasin de sport. Le match m'amuse. On sent l'intelligence du jeu, les chances, l'effort, une certaine beauté. Et il y a des éclopés, des chevilles foulées.

J'arrive au gala. Mes cheveux sont crêpés. Ma robe va bien. Dans les salons, les femmes sont en robe longue. Non loin, des officiers de marine. Les tables sont dehors. Les gens arrivent à 10 heures. Je sers les mains d'André Roux et autres illustres personnalités, Géraldy arrive avec sa cour. Je le regarde comme si je ne le connaissais pas. Il a de la classe, du charme. Homme du monde, il a accepté de jouer au bridge avec ma mère. Sa table est au milieu. Claude est belle, nerveuse. Situation tendue entre les tables.

Composition de celle de Géraldy : gens du monde, snobs, chacun avec un caractère bien défini et, dans cette assemblée, un lien : la haine, la jalousie, la lutte mondaine de la société.

Il fait froid, les gens dansent. La vente aux enchères commence, menée par un Robert Manuel très insistant mais efficace. Je défends bec et ongle Géraldy qu'on traite d'écrivain de 8ᵉ ordre. 'Littérature de *Marie-Claire*, vive Éluard !', mais quand je demande des exemples, on me répond : 'Je n'ai rien lu'. Je suis en boule, mais je tiens bon. »

Les coureurs de jupon ne savent plus que faire pour obtenir les faveurs de Clarisse. Elle s'en amuse, les mène par le bout du nez sans guère y prêter attention : elle leur préfère la galanterie et la cour assidue de Louis Septier que Claude Nollier lui a présenté il y a quelques années. Poli, attentionné, il est l'un des plus fidèles admirateurs de l'actrice qu'il a si souvent été voir à la Comédie-Française.

Ses sentiments profonds, authentiques et durables la rassurent et la subliment. Elle en oublie leurs vingt-trois années d'écart et son infirmité qui lui déforme le visage. La paralysie faciale du côté droit, due à une blessure de guerre, l'a rendu aussi réservé que touchant. Clarisse est tombée sous le charme.

Sachant que Clarisse est sur la Côte d'Azur, Louis est descendu dans son pied-à-terre cannois. Les retrouvailles ont lieu sur la Croisette devant un café et des croissants.

« Durant un bref instant, nos mains ont croisé leurs doigts. Je retire aussitôt la mienne. Louis loue un bateau pour midi. On va à la pâtisserie. Louis tatillonne pour son choix qui est nombreux. On embarque. Je suis ravie de l'aventure que je n'attendais pas. Il y a une bonne brise. Le bateau penche sur le côté, impossible de s'allonger. On arrive à l'île de Saint-Honorat. Une quantité de yachts sont chargés de corps bruns et nus. Notre entrée est ratée car on baisse la voile trop tôt et on entre dans le petit port en godillant. Les gens nous voient passer comme des intrus dans leur domaine.

Nous partons pieds nus jusqu'aux rochers. Nous dépassons le chemin de l'Abbaye et la guinguette grouillante de monde. Des bateaux de service déversent des flopées de gens qui viennent pique-niquer dans l'herbe, ou prendre la photo. Des marchands crient : bonbons, cacahuètes ! On se croirait à la foire. Les rochers sont pointus, inhospitaliers. Je repère vite les coins possibles. Louis essaye de s'allonger à mes côtés sans y parvenir.

On se baigne dans l'eau claire. On se sèche sous le soleil qui tape. On dévore les pâtisseries et les raisins. À trois heures, nous décidons d'aller manger une côtelette au boui-boui à peu près vide. On prend un pastis sur le zinc et un steak sur une table dégoûtante. La mer est belle. En face, l'île Sainte-Marguerite. Les voiliers. C'est un moment où je déguste ma jeunesse. Il est près de cinq heures quand nous repartons sur Cannes.

Calme assez plat. Le marin est charmant et poli, ce qui est rare. Je m'allonge sur le rebord, au soleil, et Louis aussi. Nos têtes sont en face l'une de l'autre, moi sur le dos, lui sur le ventre. Sous un prétexte quelconque, il touche mon épaule et y laisse sa main. Je sais très bien qu'il a envie de se rapprocher de moi. Je le laisse, ce contact ne m'étant nullement désagréable. Puis je tourne la tête au soleil et il se trouve que ma figure repose sur son bras. Je la laisse ainsi et c'est une entente douce, amicale, tendre, acceptée. Je me demande ce qu'il en pense. Il ne bronche pas.

Je vois l'eau filer à hauteur de mes yeux et le paysage des lointaines montagnes bleues se balancer au gré du bateau. Je suis très heureuse et je le lui dois. Il enlève deux fois ses lunettes noires pour mesurer son regard avec le mien qui reste le même, amical et confortable, me rendant seulement compte qu'il a voulu concrétiser l'effet que cela a pu créer en moi. Je garde mon mystère. Je m'étends sur la plage à regarder ce monde, ces Anglais, ces pin-up. J'ai un coup de soleil et mes yeux sont pâles.

Nous rentrons. Gâteaux chez Sénéquier. 'Je ne veux plus vous quitter, Clarisse. Laissez-moi au moins le plaisir de vous accompagner à Nice.' »

Elle accepte. Le trajet en voiture leur permet d'admirer le paysage azuréen bordé par une mer d'un bleu profond, si particulier.

« Voyage agréable. Ravie de retrouver cette côte me menant à la villa *Lamino*. J'aperçois le paysage bien connu du Col. Il y a un an que je ne suis venue. Il y a un porte-avions au golfe Juan. Nous arrivons à huit heures pile. J'avais téléphoné mon arrivée depuis l'hôtel Carlton. Je carillonne, pousse le lourd portail, bouscule Grand'mine récalcitrante. Maman est en cuisine, mon frère et ma sœur affichent leur bonne mine. Dîner familial où Louis observe tout ce petit monde.

Il n'est question que du départ de Maman en Italie. Café sur le patio. Louis nous quitte à dix heures. Rendez-vous samedi à Cannes pour passer un peu de temps ensemble. Grand'mine a fini par se remettre de ses émotions. Tout le monde me trouve outrageusement bronzée.

Le vendredi, je téléphone pendant une heure à Saint-Tropez et chez Victor Francen. Cacophonie de la cabine téléphonique. On est projeté avec violence dans un monde historique. Enfin j'ai Hubert qui dit partir demain matin et me demande si je suis du voyage. Le temps est court, le cœur me bat. Cela abrège encore les courts instants que je passe au Col. Il faut annoncer ça à Grand'mine. Tristesse… Elle me gronde non sans raison. Je téléphone le contrordre à Louis. Je fais mon petit sac.

Grand'mine me glisse mille francs dans la main malgré ma résistance. Nous n'avons plus guère à nous dire. Elle me pousse à partir. Elle me quitte à la porte en bois. Cette montée du petit chemin, avec elle qui me regarde m'éloigner, m'est infiniment douloureuse. Je ne peux pas avancer. Elle me crie : 'Eh bien, va vite…' Je n'ai pas la force de me retourner. Je pleure tout le long de la route. Je lui ai promis de venir cet hiver, coûte que coûte. »

Clarisse retrouve Louis à la gare de Cannes, des gâteaux à la main. Sans perdre une seconde, ils partent pour Beauvallon.

« Nous faisons cette belle route au bord de la mer par un temps un peu couvert. Vers Saint-Raph', le soleil couchant apparaît. Nous faisons une halte devant une crique tranquille. Trois filles reviennent sur un léger voilier. On s'interpelle dans un silence vespéral. Cela résonne presque. Tout est décuplé. Les couleurs sont fondantes, l'eau irisée.

Louis Septier et Clarisse Deudon

Nous avons trouvé nos gâteaux remplis de fourmis. La perte n'est pas grave. Nous les mangeons... les gâteaux. Nous arrivons à la nuit. Tout est éteint. À tout hasard, j'appelle Claude. Elle me répond. Louska est là. Elles viennent juste de rentrer. Nous partons pour Saint-Tropez. J'ai ma jupe bleue, chandail rouge, foulard bleu. Je vois dans la glace que ça a de la gueule. Louis distribue des boites de chocolats et de gâteaux.

L'hôtel illuminé a l'air d'un grand navire. Les bois sont mystérieux, la nuit est lourde, il fait frais. Je fais visiter Saint-Trop' à Louis. Pastis à *La Ponche*. Personne. Nous sommes dans les grands fauteuils. Je me sens très nostalgique. C'est mon dernier soir.

Je dis : 'J'entends les minutes qui tournent comme des gouttes', puis nous allons dîner aux *Muscadiers*. Il est près de dix heures. Je téléphone à Hubert. Rendez-vous à *L'Escale* où il y a une soirée dansante. Louis m'invite à la danse. Se passe alors cette chose inouïe entre nous qui fait que nous dansons joue à joue. Il me prête la chaleur de son oreille et nous nous serrons de près. Polis et distingués jusqu'à la fin de la danse, nous traînons la soirée.

Nous partons à quatre heures du matin. Louis me raccompagne. Je retrouve l'ambiance sympathique de l'hôtel plein de fleurs, de céramiques et de raphias, puis je raccompagne Louis à sa voiture. Il me tend les mains d'un geste tendre. Je ne sais comment prendre la situation. Je garde le même plan et lui serre affectueusement les mains. Il est penché sur les miennes et les embrasse. La voix est assez émue et nos pensées bafouillent un peu. » La déclaration sera pour Paris.

Sur la route, Hubert décide de faire une halte en Provence. L'aubergiste leur parle des Baux, le petit bijou de leur région. Incontournable !

« On nous parle de cet endroit comme de la septième merveille du monde. Quoi ? Cette petite place, ce silence mortuaire entre les roches ? Ces rochers partout ? Pour en avoir le cœur net, je propose d'aller voir.

En cours de route, je me retrouve seule. Une des plus belles aventures de ma vie. Je prends une petite rue et me voilà entrée dans une étrange ville, rassemblée porte à porte, riche, ornée de décorations, de lanternes, de belles fenêtres, de portes sculptées et tout cela mort dans un silence étrange, où seul le pas résonne. La voix des visiteurs est étouffée. La rue monte rapidement et, par des murs délabrés, pendent des bouquets de lierre et de feuilles séchées. Je suis prise d'angoisse : 'Mon Dieu, je n'aurai jamais le temps de tout voir avant la tombée de la nuit.'

Le crépuscule ajoute à cette illusion d'un autre monde, d'un rêve spécial. J'arrive sur un plateau à l'herbe pelée. Des écriteaux partout avec des flèches : l'église →, le château →, le cimetière →. Un berger garde trois moutons, le chapeau mou enfoncé sur les yeux. Le plateau est large, le vent y souffle. Je n'ai pas le temps de le parcourir. La belle église descend sur une placette ravissante. Toute proportion est respectée, établie.

Par-dessus les balustrades, on domine la vallée où se nichent de belles fermes, gardant comme de gros dogues les vignes et les cultures. Le soleil y darde ses derniers rayons en flammes. Je dérange un rendez-vous d'amoureux provençaux. Je redescends mon chemin, ahurie, ravie et insatisfaite du manque de durée. »

De retour à l'hôtel, Clarisse retrouve Lucille dans la piscine. Elles se baignent sous les étoiles, entourées par les formes gigantesques des rochers.

« Je suis heureuse. Dîner merveilleux dans une immense salle médiévale. Champagne sur le gros canapé. Le livre d'or où sont passés Jean Desailly, Jean-Louis Barrault... Visite du domaine. Histoire de l'Oustau de Baumanière, l'ancien mas de Frédéric Mistral.

Puis c'est Paris. Ses rues, nos quartiers. Je vais chercher Papa à son bureau. Halte chez Hubert et Lucille pour prendre un verre. J'ai vite repris le style parisien. Demi au café du Trocadéro où je retrouve Yves Furet. Nous partons le lendemain pour Vert-le-Petit. Huit jours de campagne et de pluie. On passe des petits films, on mange trop, on cueille des pommes, de quoi nous former des souvenirs. La sympathie réciproque est sincère.

Puis c'est *Tovaritch*, la semaine suivante. »

Retour au théâtre et à son cercle d'initiés avec ses bonnes et ses mauvaises nouvelles. Si Clarisse retrouve les planches, elle est attristée d'apprendre que Georges Le Roy a dû entrer en maison de santé. Elle lui envoie une lettre de prompt rétablissement en lui racontant ses aventures estivales. Invitée à lui rendre visite, elle se rend à Épinay où il est soigné. Malgré un problème aux bronches, il s'efforce de rester actif en se consacrant à l'art du vitrail et de la fresque.

Peu de temps après, Clarisse apprend que la Comédie-Française souhaite la réintégrer dans la troupe.

ANNÉE 1949

Le 9 avril, Clarisse est convoquée à la Comédie-Française pour signer son sixième contrat. Elle est accueillie à bras ouverts par la troupe.

Clarisse Deudon, Mony Dalmès et Claude Nollier

Ses amies, Mony et Claude qu'elle n'a jamais cessé de fréquenter durant ses deux dernières années, sont aux anges : le trio est de nouveau réuni.

La Maison de Molière se trouve toujours sous l'administration de Pierre-Aimé Touchard qui dirige le théâtre d'une main de fer et compte sur Clarisse pour reprendre son rôle de la Négresse Jobarbara. Paul Claudel supervise les jeux de scène.

La mise en scène de Jean-Louis Barrault reste inchangée. Elle est simplement raccourcie de sept heures. Depuis la fin du couvre-feu, le rideau se lève à 19 h 30 et les spectateurs ne doivent pas rater le dernier métro.

Robert Hirsch et Clarisse Deudon (Le Soulier de satin)

Pour cette reprise du *Soulier de satin*, France-Dimanche écrit :

> « Cette jeune personne, dont on affirme qu'elle est à la ville blanche de peau, incarne avec beaucoup de naturel la Négresse Jobarbara, servante de Doña Prouhèze.
> Nous avons apprécié son architecture : elle est longue et pétulante. Elle est jeune qui pis est, et elle est vêtue d'un quasi-paréo. Elle fait de brèves, mais fréquentes apparitions.
> Elle est l'oasis rafraîchissante de cette pièce austère. »

Les représentations sont prévues jusqu'au mois de décembre. D'autres reprises sont programmées à l'Odéon, et Clarisse redevient sœur Marthe ou Lise dans *Cyrano*, ainsi qu'Œunone, en alternance avec Panope, dans *Phèdre* où Marie Bell joue le rôle-titre.
Clarisse reprend également Céphise dans *Andromaque* et, la dernière semaine de l'année, elle joue dans *L'Homme de cendres,* une création mise en scène par Pierre Dux, avec Louis Seigner et Louise Conte.

ANNÉE 1950

Dès le premier janvier, Clarisse est sur scène pour de nouvelles représentations de *L'Homme de Cendres.*

Clarisse Deudon et Jean Yonnel (L'Homme de cendres)

Partagée entre les deux salles, elle est présente dans quasiment toutes les pièces programmées au mois de janvier, telles que *Suréna*, *Le Soulier de satin*, *Phèdre*, *L'impromptu de Versailles* et *Andromaque,* et joue tous les jours sur les planches.

Au mois de février, pour le 277ᵉ anniversaire de la mort de Molière, Georges Le Roy fait ses adieux officiels.
Un gala est donné en l'honneur de ce grand acteur et metteur en scène que Clarisse appelle son Maître.
Parmi les artistes qui assurent le spectacle, les élèves de Georges Le Roy viennent présenter une classe du Conservatoire.
Depuis 1942, Clarisse mesure le chemin parcouru grâce à son enseignement.

La semaine suivante, Pierre-Aimé Touchard annonce que des restrictions budgétaires l'obligent à se séparer d'une quinzaine de pensionnaires.

Les désignés, dont Clarisse, reçoivent une nouvelle lettre de licenciement avec un préavis de six mois. Le photographe Walter Carone immortalise alors les actrices tandis qu'elles se réunissent dans le foyer de la Comédie-Française.

Lise Delamare, Denise Gence, Claude Nollier, Clarisse Deudon, Jeanne Moreau, Jeanine Crispin

Ce printemps-là, elle joue dans *Surena*, *Phèdre*, *Andromaque*, *Poil de Carotte*, *Psyche* et *L'Homme de*

138

cendres, tout en répétant deux nouvelles pièces : *La Belle Aventure* et *Le Roi.*

Au mois de juillet, Clarisse alterne *La Belle Aventure* et *Cyrano de Bergerac.*
Fin juillet, elle rejoint la troupe de Véra Korène pour jouer Cléone dans *Andromaque* au Théâtre Antique d'Orange dans un costume qu'elle s'est elle-même confectionné.

Après le mois de relâche, le contrat de Clarisse est renouvelé par la Comédie-Française et une tournée orientale est annoncée, sous la direction de Véra Korène.

En attendant le départ prévu au mois de novembre, Clarisse continue de jouer dans *Phèdre*, *La Belle Aventure* et *Le Soulier de satin* sur les scènes de la Comédie-Française et de l'Odéon.

VII
La tournée orientale

*Voyager est fatal aux préjugés, à l'intolérance
et à l'étroitesse d'esprit* - Mark Twain

En 1950, la Compagnie Véra Korène se prépare à partir pour sa tournée orientale sous la direction de Jean Huberty, l'organisateur des festivals du théâtre d'Orange.

Lors de cette tournée, l'ambition de la Compagnie est de représenter la France avec *Phèdre, Andromaque, Un Caprice,* ainsi qu'une matinée poétique, *Visages de la France,* et trois pièces modernes :

– *Le Secret* d'Henri Bernstein, un drame ayant pour thème la jalousie féroce d'une femme qui ne supporte pas le bonheur des autres.

– *La Parisienne* d'Henry Becque, une cruelle analyse de la société.

– *Le Pain de ménage,* une comédie de Jules Renard, qui traite de l'amour conjugal et extraconjugal.

Véra Korène joue dans chacune des pièces, excepté *Le Pain de Ménage.*

Clarisse est désignée pour interpréter le rôle-titre *d'Andromaque,* Œunone dans *Phèdre,* Clotilde dans *Le Secret,* et apparaît dans *La Parisienne.*

Peu avant le départ, Clarisse se rend chez un couturier pour choisir sa robe de soirée, tenue indispensable pour les réceptions et les galas. L'événement est relayé par la presse :

« En compagnie de Maurice Escande et de Véra Korène, Clarisse Deudon va entreprendre une longue tournée qui l'entraînera loin des brouillards et des froidures de l'hiver, vers les rivages de la Grèce, la fabuleuse apparition des Pyramides, les dômes, les aiguilles d'or de Stamboul et la farouche magie des terres libanaises. Tragédienne de talent, elle n'en est pas moins élégante et fine parisienne, aussi son choix l'a-t-il guidée vers quelques-uns des plus jolis modèles de la collection Jean Bader. »

Robe du soir en velours noir et broderies sur satin ivoire

Sur scène, les artistes de la Compagnie sont habillés par Pierre Balmain.

Pour la première fois, une troupe théâtrale voyage dans les airs avec tous ses décors et accessoires, soit 1 000 m² de toile, 40 costumes, 60 paires de chaussures, 20 perruques, un salon 1880, un boudoir, un palais à colonnes, une villa de Deauville et un ciel.

Après un long voyage à bord d'un DC4, la compagnie arrive le 14 novembre à Beyrouth. Un gala est organisé dès le lendemain à la fois pour faire l'honneur à la Compagnie et pour inaugurer le Capitol, premier véritable théâtre de Beyrouth. La nouvelle fait la une de *La Revue du Liban*.

Véra Korène, revêtue du manteau porté jadis par la grande Impératrice de Russie, reçoit à l'issue de la représentation d'*Un Caprice*, les félicitations du Président de la République du Liban. Tous les spectateurs sont en smoking et robe longue pour cette soirée exceptionnelle.

Le succès de la troupe est tel que la salle de mille-quatre-cents places est prise d'assaut. Dans la rue, des centaines de personnes se disputent les rares billets que l'on écoule au marché noir.

Les acteurs se rendent ensuite en Turquie jusqu'à la fin novembre, puis à Ankara où l'ambassadeur de France donne une réception en leur honneur. Afin de répondre à la demande, la troupe, qui donne déjà deux représentations par jour, doit en ajouter une de plus à son programme.

La presse, dont le *Journal d'Orient*, est unanime pour dire que la Compagnie triomphe dans *Andromaque* et évoque Clarisse comme une tragédienne d'une beauté sculpturale, charnelle, attendrissante et émouvante au possible.

Véra Korène et Clarisse Deudon

Après un passage en Turquie, la Compagnie part pour la Grèce, le 7 décembre. Les comédiens sont attendus par une horde de journalistes à l'aéroport d'Athènes.

Annie Gaillard, Jean Huberty, Clarisse Deudon,
Maurice Escande, Maurice Donneaud, Véra Korène,
Nathalie Nerval, Jacques Torrens et Jean Demailly

Dès la première représentation, le public, attaché à la culture française, afflue, vêtu de voile, de tunique et de simarre, pour saluer les acteurs de *Phèdre*. *Le Pain de Ménage*, qui la précède, est considéré comme « un divertissement insignifiant, bien qu'interprété avec brio ».

Pour autant, la Compagnie est venue perpétuer « la grande tradition de l'esprit français pour apporter la mesure, l'ordre, l'harmonie des grands auteurs » et a réussi à « ressusciter l'atmosphère du Grand Siècle, dans laquelle le Théâtre de Racine a été créé » pour le plus grand bonheur des Grecs.

Après avoir interprété Œnone « avec passion et force », Clarisse profite de son temps libre pour aller à la découverte des environs et fait part à Pierre-Aimé Touchard de ses impressions.

Athènes, le 8 décembre

Cher Monsieur,
Vous ne saviez pas tout le bonheur que vous alliez me donner en m'autorisant à partir en tournée avec Mlle Korène et M. Escande. Je viens vous dire combien il est grand et a dépassé mes espérances car je me suis retrouvée dans un travail assidu régulier et profitable. Et je ne parle pas de la joie de servir nos grands chefs-d'œuvre français. Jouer *Phèdre* en Grèce est une de ces émotions que l'on retrouve rarement dans la vie, surtout après avoir visité le Parthénon au coucher du soleil.
Voilà, chez Monsieur, ce que je voulais vous dire, vous qui avez eu toujours pour moi une oreille attentive et affectueuse et je vous en remercie du fond du cœur. Nous allons terminer notre voyage par l'Égypte et je reprendrai avec joie mes occupations en notre prestigieuse Maison dès mon retour à la fin de ce mois.
Croyez, cher Monsieur, à mes sentiments les plus respectueux.

Installée dans la salle avec les spectateurs, elle encourage ses camarades dans *La Parisienne* et *Un Caprice* au Théâtre Kotopouli.

Le lendemain, elle est de retour sur scène pour une dernière représentation. *Visage de France* est une invitation à une promenade littéraire à travers quatre siècles de civilisation qui commence par le XVIIe siècle, sur le thème de la religion, avec des textes de Bossuet, Pascal, Racine, Corneille et La Fontaine.
Le XVIIIe siècle présente le thème de la Révolution. Clarisse clame l'indignation du poète Chénier qui proteste vigoureusement contre ses bourreaux.
Le XIXe siècle met en scène Chateaubriand, Victor Hugo, Lamartine, Musset, Vigny, Verlaine, Rimbaud, Baudelaire et tant d'autres.
Véra Korène clôt le spectacle avec le XXe siècle et l'hommage aux morts de Péguy. Enfin, les minutes de recueillement cèdent la place à la Marseillaise. La matinée est suivie d'*Andromaque* qui suscite l'enthousiasme.

Le 11 décembre, la troupe se rend au Caire, en Égypte, pour une nouvelle série de représentations.
Le premier jour de relâche, ils font une croisière sur le Nil avec une visite aux Jardins des Barrages à la découverte des plantes exotiques, et du reptile galagala. Un déjeuner typiquement oriental met tout le monde de bonne humeur.

Annie Gaillard, Clarisse Deudon, Jean Demailly, Jacques Torrens

Le soleil est omniprésent, mais un petit vent rafraîchissant atténue la température.

La nuit tombant vers 18 heures, les comédiens rentrent se préparer pour la représentation à l'Opéra Royal. Sans surprise, *Andromaque* qui n'avait pas été présentée au Caire depuis de nombreuses années est acclamée.

La matinée poétique *Visages de la France* est la dernière représentation au Caire. À Alexandrie, la tournée s'achève avec *Phèdre* au Théâtre Mohamed-Ali.

Si, à la fin de cette tournée, Annie Gaillard dit regretter ne pas avoir pu faire du tourisme tant le rythme des représentations avait eu raison de son énergie, Clarisse, elle, repart enchantée avec de la canne à sucre et de l'arak pour ses amis.

> « Je n'espérais pas un tel voyage, mais ce qui m'a frappé le plus, c'est l'Égypte. Pas l'Égypte moderne qui n'a rien à envier à l'Europe. Habituellement, on est déçu quand on se trouve devant des choses dont on vous a dit monts et merveilles. Pour moi, le contraire s'est produit, je trouve qu'on ne m'a pas dit toute la vérité sur le vestige de l'Égypte ancienne. Je suis éblouie de ce que j'ai déjà vu, aux Pyramides, au Musée où on pourrait passer des journées entières sans se lasser. »

Et c'est dans l'avion du retour que les comédiens, épuisés mais heureux, fêtent Noël. À peine arrivée, Clarisse est rattrapée par la réalité lorsque l'administrateur lui annonce que son contrat ne sera pas renouvelé. Il la remercie cependant du concours dévoué qu'elle n'a cessé d'apporter à la Comédie-Française.

Une fois de plus, l'épée de Damoclès est suspendue au-dessus de sa tête. Qu'importe ! Clarisse fait confiance à sa bonne étoile et, si son contrat n'est pas reconduit, elle peut partir la tête haute vers d'autres aventures.

CD

VIII
La Compagnie Marie Bell

Voir Marie Bell dans Phèdre est une chance unique
pour quiconque veut savoir ce qu'est le génie français
André Malraux

Une fois le réveillon passé, Clarisse Deudon se prépare à partir en tournée avec la troupe de Marie Bell. De vingt ans son aînée, la comédienne est entrée chez Molière en 1921, l'année où Clarisse vient au monde.

Marie Bell (©Harcourt)

Elle se fait remarquer comme actrice de cinéma, mais c'est avec son interprétation du rôle de Phèdre qu'elle marque l'histoire du théâtre. En 1950, elle choisit de créer sa Compagnie avec l'objectif de décentraliser les œuvres maîtresses des plus grands auteurs classiques et modernes.

Très exigeante quant à la distribution des rôles, elle s'entoure de personnes de confiance. Ayant joué de nombreuses fois avec Clarisse dans *Le Soulier de satin, Andromaque, Esther, Antoine et Cléopâtre, Renaud et Armide*, elle sait que sa présence, sa stature et sa beauté, sont des atouts précieux. Maurice Escande et Maurice Donneaud répondent également à l'appel ainsi que Jean-Louis Barrault pour la mise en scène.

La troupe est attendue le 24 janvier 1951 au Théâtre Municipal de la ville de Luxembourg pour jouer *Phèdre*.
Lorsque la Comédie-Française programme elle-aussi *Phèdre* à compter du 28 février, Marie Bell, Clarisse Deudon et Maurice Escande sont rappelés pour quelques représentations.

Début avril, la Compagnie Marie Bell repart en tournée. Cette fois, c'est en Allemagne que la troupe doit jouer la pièce en alternance avec *Le Soulier de satin*. Louis Septier, qui suit dorénavant Clarisse dans ses tournées, tient consciencieusement la liste des villes, des théâtres et même des hôtels qui reçoivent la troupe, principalement Wiesbaden,

Bonn, Berlin, Heidelberg, Düsseldorf, Hanovre, Hambourg, Luxembourg, Nancy.

Au retour, durant les deux premières semaines de mai 1951, c'est dans *La Belle Aventure* que Clarisse remonte sur les planches du *Français*. Elle interprète Mme de Ligneray aux côtés de Robert Hirsch et de Gisèle Casadesus.

Dans *Cyrano de Bergerac*, mis en scène par Pierre Dux, elle reprend le rôle de Lise entourée de Maurice Escande et Michel Galabru.

Lorsque la ville de Tunis décide d'organiser un cycle littéraire classique au Théâtre municipal, c'est vers la Comédie-Française qu'elle se tourne. Une dizaine de comédiens sont désignés pour partir en tournée à la mi-mai. Reçus en grande pompe à l'aéroport, ils sont ensuite conduits au quartier El Aouina, près du site archéologique de Carthage, où ils doivent présenter leur spectacle.

Le samedi 19 mai 1951, les élèves des écoles tunisoises assistent à la première représentation du *Cid*, joué par André Falcon et Clarisse Deudon dans les rôles principaux.

Le lendemain, les Comédiens-Français se rendent au théâtre antique de Dougga, à une centaine de kilomètres de la capitale. Ils sont accueillis par les petits *yaouleds*.

Certains vendent des cartes postales et des pièces de monnaie, d'autres une édition scolaire de *Polyeucte*, la pièce de Corneille donnée ce soir-là, dans laquelle Clarisse va incarner Stratonice, la confidente de Pauline.

Dans les coulisses, de magnifiques jarres dignes des amphores romaines sont mises à la disposition de la troupe avec un choix de pamplemousse glacé et d'anisette. Le soir, un vent glacial se met à souffler sans toutefois perturber la représentation.

Le lendemain, une réception est offerte par le Résident Général de France. La troupe s'extasie devant le palais Dar al-Taj dont l'entrée principale, encadrée par deux sculptures de lion, est surmontée d'un moucharabieh.

Séduite par la culture tunisienne, Clarisse profite de ses deux jours de congés pour visiter les vestiges de cette ville mythique : l'amphithéâtre de Carthage, le Capitole et le Forum.

La foule qui se presse à l'entrée montre combien la venue de la Comédie-Française est attendue.

En levée de rideau, la chorale de Tunis interprète *Les martyrs aux arènes* et *l'Hymne à la nuit* de Rameau. Les acteurs sont mis sur un piédestal, particulièrement Clarisse qui « sait montrer l'art de l'attitude dans un rôle effacé et rappelle, par bien des jeux de scène, Véra Korène dont elle a le charme et le talent. »

Clarisse Deudon (Polyeucte)

À l'entracte, le Résident Général, remet aux comédiens leurs distinctions honorifiques. Maurice Escande est promu Grand Officier en raison de l'intérêt qu'il a toujours manifesté pour la Tunisie. Claude Nollier et Clarisse Deudon sont élevées au rang de Chevalier, et reçoivent l'auguste médaille accompagnée d'une lettre honorifique du Bey.

Puis les Comédiens-Français retournent à Tunis où ils sont reçus au Casino du Belvédère. Sa vue panoramique permet d'admirer les plus beaux quartiers de la capitale.

Le soir même, la troupe se rend au théâtre municipal où une partie des comédiens présente *L'Avare* de Molière.

La tournée s'achève sur ce nouveau succès et la troupe rentre à Paris, la tête et les valises remplies de souvenirs.

Après les quatre représentations de *Phèdre* données au mois de juin avec son amie Mony Dalmès, Clarisse tourne définitivement la page de la Comédie-Française.

Pour elle, de nouveaux projets, tant sur le plan professionnel que personnel, se profilent déjà à l'horizon dont une nouvelle tournée avec la Compagnie Marie Bell.

Les 10 et 11 mars 1952, la troupe joue *Antoine et Cléopâtre* à l'Opéra de Lille. La Compagnie se rend ensuite à Bruxelles donner ce même spectacle, en alternance avec *Le Soulier de satin*.

Les premières représentations ont lieu fin mars au Théâtre de l'Alhambra. Puis c'est au tour du public d'Anvers, Gand, Liège, Mons, Bruges et Louvain de venir applaudir les comédiens.

Le 25 avril 1952, la Compagnie Marie Bell est appelée à Reims pour jouer *Britannicus*.

Le lendemain, c'est *Le Soulier de satin* tel qu'il a été donné à la Comédie-Française lors de sa création.

Le 1er mai, après une nouvelle tournée en Belgique, la troupe présente *Antoine et Cléopâtre* au Théâtre des Célestins de Lyon.

Durant la saison 1952-53, Clarisse rejoint la troupe de Marie Bell pour deux pièces qu'elle n'a encore jamais jouées : *Miss Ba,* dans laquelle elle incarne Bella, et *Bérénice.*

Clarisse Deudon et Claude Piéplu (Miss Ba)

Dorénavant connue comme l'actrice ayant joué avec Marie Bell, Clarisse reconnaît que cette période a été aussi importante dans sa vie que ses années passées dans la maison de Molière.

CD

IX
Silence, on tourne

Le cinéma, c'est du théâtre en conserve.
Louis Jouvet

RETOUR EN 1951

Libérée de tout lien avec la Comédie-Française, Clarisse fait ses débuts au cinéma dans un film d'aventure historique : *Buridan, héros de la tour de Nesle* dirigé par Émile Couzinet.

Françoise Soulié et Clarisse Deudon

159

« Je joue le rôle de Marguerite de Bourgogne, la femme de Louis Le Hutin, écrit Clarisse à son amie Jacqueline. Je porte une robe blanche cousue de perles, un peu trop simple à mon goût, mais que je vais relever avec majesté grâce à un manteau brodé de perles qui s'accroche par miracle aux épaules.

Mes manches sont pourvues de voiles et je porte les chaussons que je mettais dans *Le Soulier de satin*. En guise de coiffure, je suis nantie de nattes en macarons et d'une couronne en diamant. Voilà, tu sais tout de mon costume royal ! »

À la fin du tournage, le théâtre fait de nouveau appel à son talent de tragédienne.

Elle rejoint la troupe de Jean Marais lors d'une unique représentation de *Britannicus* en Belgique.

En montant sa propre version, l'acteur qui nourrit un amour tout particulier pour cette pièce, démontre qu'il n'est pas simplement un jeune premier, mais aussi un bon metteur en scène.

Le 12 décembre 1951, la foule se presse au Théâtre des Galeries de Bruxelles. La soirée s'achève par un bal.

Pour Clarisse, l'année se termine en beauté et la suivante s'annonce tout aussi intéressante.

ANNÉE 1952

Le théâtre national de Chaillot engage Clarisse comme figurante dans Nucléa sous la direction de Gérard Philipe, alors au sommet de sa gloire depuis *Fanfan la tulipe*. Le 3 mai, les Parisiens s'empressent d'aller voir l'acteur interpréter le poète Tellur, dans une pièce qu'il a créée et montée avec Jean Vilar. Jeanne Moreau lui donne la réplique.

À peine sa prestation terminée, Clarisse doit se rendre au Festival de Lyon-Charbonnières. Engagée du 20 au 23 juin, elle joue la Nuit dans *Amphitryon*, une comédie de Molière.

Clarisse Deudon et Serge Reggiani

Le danseur Serge Lifar est chargé de régler les ballets qui évoluent sur la triple scène du Théâtre romain et dans les jardins.

Dans la première scène, la Nuit traverse le jardin dans un char tiré par un attelage de centaures. Mercure, joué par Serge Reggiani, arrive sur un nuage. C'est le prologue.
Côté mise en scène, la flotte athénienne, qui ramène Amphitryon se détache des arbres avec ses voiles blanches et quatre-vingt-seize flammes illuminent la nuit. L'ensemble forme un spectacle magique.

Durant le séjour à Lyon passé en compagnie de Louis Septier, son fiancé, Clarisse retrouve parmi la programmation ses amis du *Français* et du Conservatoire.
À cette époque, les festivals de théâtre commencent à naître un peu partout en France, mais celui de Lyon-Charbonnières rencontre le plus de succès.
De retour à Paris, Clarisse attend avec impatience la sortie de *Buridan, héros de la tour de Nesle.* Le 24 octobre, la projection a lieu au cinéma *Astor*, sur les Grands Boulevards, où le film est présenté en exclusivité. Les spectateurs sont au rendez-vous.

Début décembre, son amie Claude Nollier, qui doit se rendre en Italie, lui propose de l'accompagner. Sachant que Fernandel est à Rome pour *Le Retour de Don Camillo*, elles vont lui rendre visite sur le tournage.

Clarisse Deudon, Fernandel et Claude Nollier

Clarisse, dont la célébrité a pris de l'ampleur depuis la sortie de *Buridan*, reste modeste face à ce monstre sacré qui a accepté de se laisser photographier en leur compagnie.

Le 12 décembre, Clarisse retrouve Jean Marais à Lyon pour une nouvelle représentation au Théâtre des Célestins.
Voilà comment se termine, pour Clarisse, cette année qui la consacre autant sur le plan théâtral que cinématographique.

CD

X
Le songe d'une nuit d'été

L'amour ne voit pas avec les yeux, mais avec l'âme
William Shakespeare

Avec l'arrivée des nouvelles technologies qui facilitent le quotidien des Français, et la démocratisation des vacances populaires, la France retrouve sa gaîté d'avant-guerre.
Les spectateurs, avides de divertissements, se pressent dans les salles.

Toujours partante pour monter sur scène, Clarisse accepte la proposition de l'Opéra de Paris qui, au mois de février, donne un spectacle au bénéfice du Cercle Carpeaux.

Clarisse Deudon, Espanita, Claude Nollier

165

Clarisse et ses amies dansent sur des musiques de Saint-Germain-des-Prés. Leur joie de vivre se transmet aux spectateurs qui applaudissent leurs performances avec ferveur.

L'été suivant, Clarisse participe de nouveau au Festival de Lyon-Charbonnières. Le vendredi 19 juin 1953, *La Princesse d'Élide* inaugure les festivités pour quatre représentations d'affilée.

La mise en scène de Charles Gantillon, le directeur artistique du Festival, est fidèle à sa devise : faire rêver le spectateur et l'emmener dans sa féerie. Si, à l'époque de sa création, cette comédie-ballet n'a pas rencontré le succès à Versailles, elle soulève ici l'enthousiasme.

Ce nouveau spectacle réunit quelques interprètes de la Compagnie Renaud-Barrault. Clarisse est Aglante, la cousine de la princesse jouée par Simone Valère.

Simone Valère, Anne-Marie Carrière, Clarisse Deudon

Pour terminer la saison, le festival présente *Coriolan* de William Shakespeare, mis en scène par Véra Korène. Programmée le 4 juillet, la pièce reste cinq jours à l'affiche.

Dans cette distribution essentiellement masculine, Clarisse joue Valérie, la sœur du consul, qui veut empêcher Coriolan de prendre les armes contre Rome.

Cet été-là, la météo est capricieuse. La pluie interrompt brutalement la dernière répétition dans laquelle le réglage des éclairages est prévu.

Fort heureusement, la première représentation se déroule sans incident. L'alternance de la lumière d'une scène à une autre, grâce à la technique du fondu-enchaîné, est une réussite et les nuages menaçants donnent le ton à cette tragédie.

L'orage éclate le lendemain, ce qui n'empêche pas le 5e Festival de Lyon-Charbonnières de battre tous les records d'affluence dans les festivals de France.

De retour de vacances, Clarisse répète au Cirque Medrano avec la troupe du Globe. Durant les quatre dimanches de novembre, elle interprète Phalène dans *Le Songe d'une nuit d'été* de William Shakespeare.

Jan Doat, le metteur en scène, qui rêve depuis longtemps d'une complicité « théâtre-cirque », s'inspire des Américains pour qui cette combinaison constitue un moyen simple et économique de mettre en scène et d'obtenir la participation du spectateur.

Mylos, Nicolas Bataille, Jan Dohat, Yves Bonnat, Hélène Miller
Sylvianne Delannoy, Clarisse Deudon, Lucienne Letondal,
Claude Nollier, Paul Dupuis, Jean Droze (© Bernand)

Le 8 décembre, la troupe donne une nouvelle représentation au Cirque Medrano pour une soirée de gala au profit des bourses d'étudiants du *Figaro*, la dernière de l'année pour Clarisse.

Au mois de janvier 1954, la presse ne parle que du nouveau Président de la République, René Coty, et de la vague de froid qui s'abat sur Paris. Clarisse se concentre sur les préparatifs de son mariage avec Louis Septier, prévu le 19 février.

Engagée pour jouer Andromaque dans *La guerre de Troie n'aura pas lieu* au festival de Lyon-Charbonnières, elle n'a que quelques semaines pour connaître son texte qu'elle intègre pour la première fois dans son répertoire personnel.

Clarisse Deudon dans le rôle d'Andromaque

Présentée au théâtre romain de Fourvière du 3 au 6 juillet, ce spectacle, mis en scène par Jan Doat, est un hommage à Jean Giraudoux.
La pièce reçoit une approbation unanime et la venue du Président Herriot confirme le succès de cette 6ᵉ édition.

Du 1ᵉʳ au 4 août, le Festival d'Évian invite le metteur en scène Charles Gantillon à venir présenter *Amphitryon* dans les jardins de l'hôtel Royal. Clarisse y reprend son rôle de la Nuit.

Elle retrouve dans la distribution son ami Jean Desailly avec qui elle fête ses douze ans de complicité artistique.

Avec *Amphitryon,* Clarisse met fin à sa carrière théâtrale pour endosser un tout nouveau rôle, celui d'épouse et de mère de famille.

Elle aborde avec sérénité le nouvel acte de sa destinée.

XI

L'appel de la scène

Ce n'est pas un métier, le théâtre, c'est une passion
Sacha Guitry

Depuis la naissance de ses filles Marianne et Noëlle, Clarisse se consacre pleinement à leur éducation. Si elle est remontée sur scène une fois ou deux, ce n'est pas du goût de Louis. Il ne voit pas d'un bon œil sa femme travailler alors que les enfants ont besoin de leur mère.

Au printemps 1964, Louis décède à l'âge de 65 ans. Désemparée mais libre de ses mouvements, Clarisse annonce à ses amis sa décision de reprendre sa carrière.

Le réalisateur Bernard Latour est le premier à lui proposer un rôle dans sa nouvelle émission : *Théâtre de l'Étrange*. Ce programme prévoit d'adapter des nouvelles fantastiques ou des romans d'anticipation et de science-fiction. C'est à l'ORTF que Clarisse enregistre l'émission intitulée *Programmation corrigée*, diffusée le 3 octobre sur France Inter.

Puis Marie Bell lui ouvre les portes du Théâtre du Gymnase qu'elle dirige depuis quatre ans. Clarisse est engagée comme doublure dans deux créations de Françoise Sagan : *L'Écharde* et *Le Cheval évanoui*.

Clarisse voit avec soulagement sa carrière relancée et peut déjà compter sur une bonne centaine de cachets entre la fin de l'année et les six premiers mois de 1967.

Parallèlement, le contrat qu'elle signe avec la Compagnie Maurice Escande, prévoit une tournée orientale d'une vingtaine de dates présentant des œuvres du théâtre français.

Maurice Escande

Elle se rend chez Veronèse, le costumier-brodeur le plus en vue, pour acheter une gamme de vêtements chics car elle a pour mission de représenter la mode française dans toute son élégance.

Elle repart avec un manteau col castor, une robe blanche, une autre lamée et une troisième en lainage blanc, ainsi qu'une jupe longue noire avec un haut blanc.

La Compagnie arrive au Caire le 9 février et commence par répéter le Cid au Théâtre de l'Opéra. Après la première représentation, le conseiller culturel invite la troupe à souper à la Citadelle de Saladin, où se trouve la Maison des Arts.

Du jeudi au dimanche, la Compagnie joue *Mon père avait raison*. Clarisse interprète Germaine Bellanger qui, vingt ans après avoir abandonné le domicile conjugal, revient pour se réconcilier avec son mari.

À l'occasion du *Divertissement littéraire et poétique*, Clarisse interprète la duchesse dans *Les Souliers rouges*, extrait de la *Recherche du Temps Perdu* de Marcel Proust.

La troupe s'envole ensuite vers Alexandrie pour donner une représentation avant de partir pour la Turquie où ils jouent à Ankara et à Istanbul.

Le 2 mars, à Beyrouth, ils sont reçus par l'ambassadeur de France avant la conférence de presse de la Compagnie libanaise de télévision. Sur scène, la troupe donne *Le Cid* et *Mon père avait raison*.

Clarisse Deudon, une figurante, Marie-Thérèse Arène, Jacques Destoop, Tania.Torrens, Madeleine Sylvain (Le Cid)

En relâche, une excursion est organisée aux ruines gréco-romaines de Baalbeck, l'un des plus beaux trésors historiques du Liban, puis aux ruines de Byblos, témoin de 8 000 ans de civilisations romaines, phéniciennes, perses et libanaises.

La veille du départ, les comédiens vont déjeuner chez le président du Festival de Baalbeck et donnent leur dernière représentation intitulée : *50 ans de vie française.*

De retour chez elle le 8 mars, Clarisse profite des quelques jours qui lui restent pour faire un saut à Rome avant de retourner au Théâtre du Gymnase auprès de Marie Bell.

Au printemps 1968, les étudiants se liguent contre l'autoritarisme, la société de consommation et le pouvoir. Les événements prennent de l'ampleur lorsqu'une grève générale bloque l'économie du pays. Pendant ce temps, Clarisse continue à frapper aux portes des théâtres.

Le 18 mai, au Festival d'Arles, elle va interpréter la Paix dans La *Guerre de Troie n'aura pas lieu*, une pièce de Jean Giraudoux. Le mois suivant, Maurice Escande lui propose de jouer une pièce de Sacha Guitry pour trois représentations.

Il lui faut ensuite attendre l'été 1969 pour être engagée par les Tournées Baret dans *Un fil à la patte* de Georges Feydeau où elle interprète la Baronne.

Les représentations sont prévues en plusieurs séries entre le 15 octobre et le 20 janvier 1970. Elle peut ainsi compter sur des appointements de 140 francs par représentation avec un défraiement pour les répétitions.

Le soir de la Saint-Sylvestre, toute la troupe va fêter la fin de l'année aux Troisgros, le meilleur restaurant de Roanne, et c'est dans une ambiance bon enfant qu'ils immortalisent ce moment.

Lyne Arnel, Jacques Grello, Josiane Lévêque, Jacqueline Mille, Clarisse Deudon, Roland Giraud, Maaike Jansen...
(Un fil à la patte)

Après les dernières représentations du mois de janvier 1970, Clarisse est engagée pour tourner dans *Quentin Durward*, un feuilleton réalisé par Gilles Grangier d'après le roman de Sir Walter Scott.
Elle y interprète Hameline de Croye aux côtés de Marie-France Boyer (Isabelle de Croye) et Amadeus August (Quentin Durward).

Le tournage commence le 4 mai et se déroule jusqu'à la mi-août en différents lieux médiévaux de France. Les scènes à cheval sont les seules que Clarisse redoute.

C'est sans compter sur Claude Carliez, le coordinateur des cascades, qui réussit à lui faire passer son appréhension.

Clarisse avec ses filles, la scripte et l'ingénieur du son

Pour sa prestation, Clarisse touche 29 cachets pour un forfait non négligeable de 15 000 francs.
En France, les sept épisodes du feuilleton sont diffusés de janvier à mars 1971 sur la première chaîne de télévision française, ainsi qu'en Allemagne de l'Ouest sur ZDF.

L'opportunité de remonter sur scène se présente quand Jean-Roger Tandou, le directeur du Théâtre de Toujours de Saint-Étienne, l'engage dans *Le Cid*.

La première a lieu le 6 novembre 1971 à la Maison de la Culture.

En janvier 1972, Clarisse reçoit une proposition du Théâtre du Lucernaire à Paris pour jouer une vieille dame pleine d'humour dans *In Memoriam,* une pièce de James Saunders.

Cinquante représentations ont lieu entre mars et décembre. Après la première, elle reçoit un petit mot d'Yves Bureau, le metteur en scène : « Très heureux de vous avoir *In Memoriam* en espérant vous y garder longtemps. »

Pendant cette période, elle est engagée par l'ORTF pour jouer Nina, aux côtés de Martine Sarcey. *Cet animal étrange,* mis en scène par Michel de Ré pour l'émission *Au Théâtre ce soir,* est enregistrée au Théâtre Marigny.

Ce rendez-vous hebdomadaire, créé par Pierre Sabbagh en 1966, est très apprécié : une sonnerie retentit, les spectateurs s'installent, les trois coups résonnent, le rideau s'ouvre... C'est ainsi que commence chaque spectacle pour une unique représentation.

Cette comédie humaine de Gabriel Arout est une adaptation de douze nouvelles d'Anton Tchekhov dressant les portraits de vingt-deux personnages.

La pièce est retransmise le 24 juillet sur la deuxième chaîne de télévision et Clarisse se voit attribuer 16 cachets pour la somme de 2 575 francs avec, à la clé, une large notoriété.

Au mois d'août, elle profite d'une relâche du Lucernaire pour se rendre en Écosse. Depuis Aberdeen, elle fait part de ses impressions à Jacqueline :

> « C'est absolument stupéfiant. Le degré d'émotion dans l'accueil écossais correspond pour moi à l'arrivée de la Reine d'Angleterre débarquant à Clermont-Ferrand. C'est le délire de l'amour un peu partout. Les gens sont adorables.
>
> J'ai même vu un Écossais nager dans un épais cirage, mû par une passion amoureuse pour moi d'un côté, et par une terreur justifiée à cause de la vieille dame allemande qui est avec lui. C'est un drame, une tragédie… J'ai l'impression de jouer Théorème : je passe et tout s'embrase ! C'est assez merveilleux. Il se passe tout le temps quelque chose.
>
> L'Écosse est ravissante et sauvage. Comme disait Georges Le Roy, elle donne une impression d'harmonie entre une nature admirable et les hommes. »

À son retour, Clarisse enchaîne avec un nouveau feuilleton télévisé, *La Porteuse de Pain*, avec Bernard

Giraudeau, Sim, Philippe Léotard et la québécoise, Carole Laure.

Elle y retrouve son amie Mony Dalmès dans l'histoire d'une femme condamnée pour le meurtre d'un homme qu'elle n'a pas tué. Cette femme s'évade et devient Maman Lison, la porteuse de pain, bien décidée à retrouver le coupable.

Ce feuilleton de treize épisodes de 26 minutes, adapté du roman éponyme de Xavier de Montépin, est dirigé par Marcel Camus.

Il est diffusé au début de l'année suivante sur la troisième chaîne couleur qui vient d'être créée, et s'exporte cinq mois plus tard à la Télévision de Radio-Canada

Clarisse Deudon et Martine Sarcey (La porteuse de pain)

En 1973, pour monter *Les Berlingots,* la première pièce de René-Georges Bouet qui fait l'objet d'une création au Théâtre de Toujours, Jean-Roger Tandou fait appel à son amie Clarisse.

Dans cette satire de la pilule, elle incarne la mère d'un professeur étourdi, qui pense avoir inventé un bonbon contraceptif. Clarisse provoque l'hilarité en vieille dame fofolle, distraite et volubile.

Les huit représentations ont lieu à Saint-Étienne, la dernière semaine de novembre, au cours de deux galas publics et de six matinées scolaires, puis le 19 décembre à Clermont-Ferrand lors de la soirée du *Rire dans le Théâtre contemporain.*

Clarisse est de nouveau attendue à la Maison de la Culture et des Loisirs de Saint-Étienne, pour jouer *Ruy Blas* du 4 au 26 avril 1974.

Après avoir été une dame d'honneur en 1945, elle joue cette fois-ci la Duchesse d'Albuquerque et la Duègne. La première a lieu le 22 avril, en matinée, suivie par quatre autres représentations, dont l'une au Grand Théâtre.

Un peu plus tard, Clarisse reprend le chemin des studios pour tourner la suite des *Mohicans de Paris*, un feuilleton créé d'après l'œuvre d'Alexandre Dumas. Elle partage l'affiche avec Brigitte Fossey, Bernard Giraudeau, Claire Maurier, Mony Dalmès et de nombreux autres comédiens, sous la direction de Bernard Borderie.

« C'était très agréable de tourner avec Mony, écrit-elle à Jacqueline. Nous devions assister à un dîner et manger plein de soupe fumante. Il y avait un comédien qui s'occupe de la médecine par les plantes et pratique le jeûne. C'était très intéressant ! ».

Le 15 janvier 1975, Clarisse est engagée par Les Tournées Baret pour jouer Fernande Reims dans *La Claque* d'André Roussin. Le succès est au rendez-vous, aussi bien en province qu'à Paris.

Huguette Vergne, Jean Parédès, Jacques Dumesnil, Clarisse Deudon, Henri Renand et Françoise Burgi (La Claque)

Son contrat se terminant à la fin du mois de mars, Clarisse peut passer Pâques en famille. Les 14 500 francs gagnés durant la tournée s'ajoutent aux 5 300 francs de congés-spectacles. Puis elle retrouve son amie Mado Maurin dans *Britannicus* à Saint-Étienne et y incarne Agrippine, la mère de Néron.

Clarisse Deudon et Mado Maurin (Britannicus)

Le jeudi 11 septembre, Clarisse, comme des milliers de téléspectateurs, regarde *Salvator et les Mohicans de Paris* sur TF1. L'année suivante, le feuilleton est diffusé à la Télévision de Radio-Canada.

En décembre, Clarisse rejoint les studios Francœur pour jouer dans *A comme Antenne 2*, une émission composée de sketches divers et variés, sous la direction de Philippe Vaudoux.

183

L'été suivant, ses filles ayant quitté le cocon familial, Clarisse part s'installer définitivement sur la Côte d'Azur, bien décidée à se faire une place dans le milieu artistique niçois, là où tout a commencé.

XII
Retour aux sources

La vraie nouveauté naît toujours dans le retour aux sources
Edgar Morin

À l'été 1976, bien installée à *Romarine*, sa villa du Cap-Ferrat datant de la Belle Époque, Clarisse retrouve un jardin foisonnant de plantes exotiques, de cactus et de géraniums ainsi que son petit figuier aux fruits savoureux.

Le grand pin centenaire où les tourterelles turques roucoulent à longueur de journée lui confère un charme sauvage.

Villa Romarine

Convaincue d'avoir pris la bonne décision, Clarisse sait néanmoins que personne ne l'attend dans sa ville natale qu'elle a quittée il y a trente-cinq ans.

Pour se présenter aux directeurs de théâtre, elle rédige un curriculum vitae. Écrit à la main, mélangeant profession et vie privée, il résume sa carrière et fait ressortir sa sincérité d'actrice qui n'a d'autre ambition que de retrouver la scène.

En cette fin d'année, elle réalise un vœu de longue date en se rendant à Jérusalem.

« Mon séjour a été très personnel et magnifique, écrit-elle à Jacqueline. C'est un grand rendez-vous avec l'histoire du monde, on vit dans l'exceptionnel puisque des choses inouïes se sont passées là et on y vient du monde entier. Il y a une ambiance humaine et de fraternité incroyable. On y côtoie des tas d'êtres, des tas de religions, d'idéaux. Ce qui est intéressant, c'est la coexistence de trois religions juive, chrétienne et musulmane. »

Parmi les bonnes rencontres artistiques niçoises, Clarisse fait la connaissance du comédien Bernard Fontaine, créateur de l'Atelier d'Art dramatique à la Maison de la Culture de Nice-Magnan.

Ils partagent le même intérêt pour Alfred de Musset. À la demande du metteur en scène, elle crée

Le théâtre de Musset, une causerie avec quelques scènes de comédie, qu'elle présente le 17 février 1978 au Palais de l'Europe de Menton.

Également invitée par la Société des Grandes Conférences, elle se présente, non pas comme une spécialiste de l'auteur, mais comme une simple actrice souhaitant partager ses textes préférés avec le public.

Avec *Namouna,* un conte oriental, elle évoque la sensibilité du poète Elle interprète *Conseils à une Parisienne* ainsi que des passages de *On ne badine pas avec l'amour.* Elle raconte avec humour une soirée passée entre Musset et Mlle Rachel, une célèbre tragédienne, le tout entrecoupé de morceaux de piano. Puis elle retrouve Bernard Fontaine et Liliane Olivier pour jouer *Un Caprice.*

Le 26 février, Clarisse reprend *Rencontre avec Musset* à la Maison de la Jeunesse et de la Culture de Nice.

> « Toute la Compagnie se joint à moi pour t'assurer de la joie que nous avons eu de faire ce spectacle en ta « compagnie », lui écrit Bernard Fontaine.

Clarisse accepte le projet de Jacques Damiot, un collectionneur d'automates, qui souhaite rendre hommage aux femmes.

Son spectacle, *Portraits de femme,* joué au centre Arturo Lopez de Neuilly-sur-Seine le 20 novembre,

187

est une lecture de textes romantiques, drôles et émouvants, ponctuée par une flûte.

Clarisse Deudon (Portraits de femme)

De retour dans le Sud, Clarisse a retrouvé sa chère villa et elle partage sa joie avec son amie de toujours.

« Comme c'est beau l'arrivée en train à 8 heures tout le long de la côte. Le grand soleil est ici, en bas, et la vie y est très pratique. C'est un enchantement. J'ai plein de projets en tête. »

Le 27 janvier 1980, Clarisse reprend *Rencontre avec Musset* à la Maison de la Jeunesse et de la Culture de Nice.

Trois mois plus tard, pour le centième anniversaire de la naissance d'Apollinaire, de nombreuses manifestations sont organisées à travers la France. À Menton, un spectacle est donné le 3 août à guichet fermé, sur la place Honoré II, repris par la suite au Palais de l'Europe devant un public de lycéens.
Imaginé par Louis Amoretti, *Guillaume Apollinaire, le mal-aimé* est une rencontre entre deux femmes très différentes, aimées du poète. Clarisse, qui signe la mise en scène, interprète la vive et hautaine Louise de Coligny, surnommée Lou. Dans cette représentation, la voix d'Apollinaire, le troisième personnage, se fait entendre de derrière un grand soleil d'or. *Guillaume Apollinaire, le mal-aimé* est repris à la Faculté des Lettres et Sciences Humaines de Nice.

Durant l'été caniculaire de 1981, Clarisse est attendue pour participer comme jury au concours du Conservatoire de Saint-Étienne. Elle confie sa maison à Jacqueline et part l'esprit tranquille.

Le 28 janvier 1982, sous l'égide de la Compagnie Bernard Fontaine, Clarisse présente *Il était une fois la beauté,* à l'hôtel Negresco de Nice. Ce thé-spectacle est imaginé par Jean-Jacques Strauss dans une création futuriste d'André Courrèges.

Le 25 février, Liliane Olivier, Clarisse Deudon et Bernard Fontaine se retrouvent dans *Un Caprice* à la MJC Magnan. Comme à la Comédie-Française, Clarisse joue le rôle de Mme de Levy.

Cette même année, elle tourne dans deux films : *La lune dans le caniveau* de Jean-Jacques Beineix. Aux côtés de Gérard Depardieu, elle a le rôle de la mère alcoolique, complètement éméchée.
Dans *Mortelle Randonnée* de Claude Miller, sa scène est finalement coupée au montage. Tels sont les aléas du cinéma.

Lorsqu'en 1983, le Jeune Théâtre du Soleil monte *Le Bel Indifférent* de Jean Cocteau à l'Office municipal d'animation de Menton, Clarisse interprète une chanteuse de music-hall qui, délaissée par son amant, vit les affres de l'abandon. Grâce à un vivant monologue, elle rend crédible sa conversation téléphonique avec son interlocuteur invisible.

Sa rencontre avec Meyer Cohen marque un tournant dans la carrière de Clarisse. Ce metteur en scène qui a acquis en 1976, le café-théâtre de Nice, rebaptisé *Théâtre 12,* l'engage dans *Huis-Clos* de Jean-Paul Sartre. Après douze représentations, ils se rendent l'année suivante à Vienne, invités par le Molière Theater.

Jean-François d'André, Meyer Cohen, Mireille Emilia,
Clarisse Deudon (Huis-Clos)

Forte de son succès, la troupe repart en décembre 1985 pour une tournée de trois mois à la demande de plusieurs Instituts français d'Autriche où ils jouent *La Baby-Sitter* de René de Obaldia et *La Cantatrice chauve* de Georges Ionesco.

À l'été 1986, pour fêter les dix ans de son retour sur la Côte d'Azur, Clarisse donne une garden-party dans son jardin. L'endroit s'y prête fort bien car elle a fait construire autour du pin séculaire, une terrasse transformée en scène de théâtre.

Elle y raconte ses rencontres avec ceux qui sont devenus ses amis et conclue avec une citation de Blaise Candrars : « Si tu aimes, il faut partir... »

L'été suivant, Clarisse réitère l'expérience. Le blanc est à l'honneur et l'ambiance festive. Par cette chaude soirée d'été, le ciel étoilé ajoute à la magie du décor.

Autour du grand pin, elle joue, avec Mireille Emilia, des extraits du *Défunt* d'Obaldia mis en scène par Meyer Cohen. Dans cette pièce, à la fois drôle et grinçante, Clarisse s'en donne à cœur-joie pour le plus grand bonheur de ses invités.

Mireille Emilia et Clarisse Deudon

Après avoir passé, comme chaque année, une partie de l'été en compagnie de son petit-fils Sébastien, elle retrouve les élèves du cours de théâtre tout en répétant le rôle d'Œnone dans *Suite pour Phèdre* de Michel Herrmann.

Cette œuvre moderne, composée d'extraits de Racine, d'Euripide et de Sénèque, est entrecoupée par des intervalles musicaux de la période baroque. Jouée le 5 janvier 1988 au Palais Lascaris de Nice, le spectacle est un triomphe.

C'est la dernière représentation de Clarisse. Le 7 mars 1991, elle tire dignement sa révérence et fait ses adieux à son public.

Ariane Alban et Clarisse Deudon (Suite pour Phèdre)

Ses obsèques sont célébrées à la paroisse Notre-Dame de Grâce de Passy.

Famille, amis, voisins, collègues, acteurs, metteurs en scène, plusieurs centaines de personnes se rassemblent dans l'église pour lui rendre un dernier hommage.

Ses filles, Jacqueline et quelques proches l'accompagnent au cimetière de Passy où elle a choisi de reposer aux côtés de son mari Louis Septier.

Clarisse n'est plus, mais son passage sur Terre a enchanté ceux qu'elle a connus ou croisés.

Âme gracieuse, généreuse, pétillante et spirituelle, artiste éblouissante et profonde, mère aimante et dévouée, personne n'oubliera la grande et belle Clarisse Deudon.

REMERCIEMENTS

Merci à mes amis et à ma famille pour leurs témoignages, leur soutien, leur affection, leur aide, leurs conseils, et l'intérêt qu'ils ont porté à la réalisation de ce livre.

Merci à la Comédie-Française, haut lieu du théâtre français.

Merci à mes parents, disparus trop tôt.

Merci aux artistes pour leurs créations et leur don de soi.

Merci à l'Art, éternelle source d'inspiration.

CD

SOMMAIRE

CD

DU MÊME AUTEUR

Retour à Hollywood (1993 – scénario)

Princesse Nature (2002 – roman)

Sauver la Terre, 365 gestes verts au quotidien – L'Archipel (2007)

Ma maison écolo, 365 gestes verts au quotidien – L'Archipel (2009)

L'Arche de Babylone, l'incroyable sauvetage du zoo de Bagdad de Lawrence Anthony - Les 3 Génies (2010 – traduction)

L'homme qui murmurait à l'oreille des éléphants de Lawrence Anthony - Éditions Trédaniel (2011 – traduction)

Aujourd'hui, je prends soin de ma planète – DanicArt (2016)

Un éléphant dans ma cuisine de Françoise Malby-Anthony – Éditions Trédaniel (2019 - traduction)

Loups, ils sont - Leur retour en France de G. Letourneur – Éditions La Fauvette à lunette (2021 – collaboration)

CD

Clarisse Deudon (1953)

BoD – Books on Demand, Norderstedt

Imprimé en Allemagne